HERVÉ COMMÈRE

Hervé Commère est né en 1974 à Rouen et vit aujourd'hui à Paris. Après *J'attraperai ta mort* (2009), il a publié *Les Ronds dans l'eau* (2011, prix Marseillais du Polar et prix du roman de la ville de Villepreux) et *Le Deuxième Homme* (2012). *Imagine le reste* (2014) a remporté le prix Plume de Cristal du Festival international du Film policier de Liège. *Ce qu'il nous faut c'est un mort* paraît en 2016.
Ses romans, traduits en Chine et au Japon, ont paru chez Fleuve Éditions et sont repris chez Pocket.

LES RONDS
DANS L'EAU

HERVÉ COMMÈRE

LES RONDS DANS L'EAU

fleuve
ÉDITIONS

© 2011, Fleuve Noir, département d'Univers Poche.

ISBN : 978-2-266-28775-3

À la mémoire de Paul Guimard

Pour Bertrand, mon frère,
et pour Chloé, of course

*Quand nous ignorons les causes,
nous parlons de hasard.*

Théodore Descrières

I

Jacques

Frank Sinatra fit ses premiers adieux à la scène en 1971, mettant ainsi un terme à trente ans de carrière. Cela se passa le 13 juin au soir à Los Angeles. Tout ce que les États-Unis comptaient alors de fortunes, de stars et de personnalités diverses s'y était donné rendez-vous pour l'applaudir une dernière fois. Dans les flashs des reporters, on put, entre autres, apercevoir Cole Porter, Steve McQueen et Ella Fitzgerald. Au milieu de la chic assistance se tenaient aussi John Costano et son épouse, elle dans une robe bustier rouge vif, lui à la tête d'une chaîne de plus de trois cents restaurants portant son nom. Les Costano avaient traversé le continent depuis Miami Beach à bord de leur avion personnel, accompagnés d'un pilote et de deux gardes du corps. Jimmy Hoffa, tout juste gracié par Nixon, avait fait le déplacement en compagnie d'une starlette de Hollywood. Mohamed Ali se tenait au premier rang. Devant la salle, le ballet des limousines, des smokings et des robes longues, fut aussi fastueux qu'interminable.

Le spectacle fut grandiose. L'entrelacs des cymbales et le cliquetis des bijoux ne firent bientôt plus qu'un, le crooner enchaîna ses succès avec autant d'aisance que d'humour, un sourire pour chacun, de la désinvolture pour tous, un big band tiré au cordeau, une voix scintillante dans la lumière des spots, une classe légendaire.

Vu l'heure à laquelle le spectacle débuta, et si l'on en croit la liste des morceaux que communiquèrent les journaux du lendemain, c'est certainement aux alentours de *The Lady Is a Tramp* qu'à l'autre bout du pays des silhouettes noires de la tête aux pieds forcèrent le portail de la villa des Costano. La réplique d'un palais vénitien qui trônait dans la nuit, une grille en fer forgé donnant sur une palmeraie magnifique, et deux dobermans que Jaune abattit chacun d'une balle dans la tête.

Une fenêtre s'est allumée sous les combles, nous avons couru à l'assaut de la maison, fracturé l'énorme porte d'entrée et fait irruption dans le hall, les gars ont pris les escaliers pour sauter sur le personnel. Bleu et moi nous sommes rués dans le salon sur la droite, comme sur le plan. Une pièce immense ornée de dorures et de marbre rose, de canapés monumentaux, une moquette épaisse comme un chat persan, tout un décor impeccable et clinquant et surtout un tableau, une toile qui nous a sauté au visage. Elle était là, sur un des murs, et nous savions au moins deux choses : la première, c'est qu'elle était authentique. La seconde, c'est qu'aucun système d'alarme ne la protégeait.

J'ai retenu mon souffle en m'en approchant, Bleu m'a regardé faire, il se tenait en retrait, et je l'ai décrochée d'un geste. En vingt secondes, le tableau était prêt à partir.

Les autres sont redescendus. Ils n'avaient pas tiré de coups de feu, la gouvernante, les deux femmes de chambre, le gardien, tout le monde était ligoté et bâillonné chacun sur son lit. Seul le cuisinier – un nouveau – avait tenté de résister, Fuchsia l'avait calmé d'un grand coup de crosse en pleine mâchoire. Bleu a déposé une enveloppe et un gros sac de cuir en évidence par terre, on a pris la toile, éteint les lumières et on a couru aux voitures.

Marron s'est forcé à démarrer dans le calme. Nous avons enlevé nos cagoules sans vraiment parler, pas encore détendus, seulement vainqueurs de la première manche. Il nous a déposés devant nos hôtels respectifs, je me suis faufilé jusqu'à ma chambre sans croiser personne. J'étais au lit avant minuit.

Juste avant, semble-t-il, que les premiers accords de *New York, New York* envahissent le Dorothy Chandler Pavilion de Los Angeles. Juste avant l'apothéose, le long frisson final. Juste avant l'ovation durant laquelle Costano dut lui aussi se lever pour applaudir et acclamer ce monstre sacré tirant sa révérence.

Quatre jours plus tard, sans un accroc, nous récupérions une rançon d'un million de dollars et l'on indiquait à Costano où se trouvait sa jolie toile. Chacun rendit les clés de sa chambre et se débarrassa de son revolver. Jaune et moi rentrâmes en bateau, les liasses réparties dans nos deux valises, en feignant de ne pas nous connaître. Les autres prirent des taxis pour l'aéroport. Leurs vols décollaient à quelques heures d'intervalle.

J'embarquai à la suite d'un couple de jeunes mariés, tout à leur amour dans le soleil de juin. J'avais la main crispée sur la poignée de mon bagage et le rictus figé. *Be sure you'll die for that.* Dans les sacs remplis d'argent, nous avions trouvé ces mots inscrits sur de larges feuilles blanches. Ça n'était pas signé.

Le paquebot quitta le port en début de soirée, je me fis livrer un repas, la valise sous mon lit. Je fermai à double tour après le départ du steward et commençai à me détendre. L'Amérique rapetissait dans le hublot.

Pendant la semaine que dura la traversée, je ne fis rien d'autre qu'imaginer les suites possibles. Je ne sortis pas une fois de ma cabine. Jaune non plus. Je fixais le tas de billets, je revivais les différentes étapes du plan. Costano n'avait aucun moyen de remonter jusqu'à nous. Les projets se bousculaient sous mon crâne. Tout avait fonctionné à merveille, nous étions hors de cause, l'avenir nous appartenait. Les poches pleines et blancs comme neige.

Et puis la croisière a pris fin et l'on a vu se rapprocher les côtes françaises. On allait se retrouver, s'appeler par nos prénoms, se partager le trésor et s'embrasser.

Je descendis la passerelle sans m'attarder sur la présence des douaniers sur le quai, je marchai vers la terre ferme au milieu des touristes et des vacanciers sans regarder autour, juste droit devant. Je suis passé devant eux, ils m'ont ignoré, j'ai gagné le hall, j'ai traversé le brouhaha et emprunté plusieurs couloirs, et je suis enfin arrivé sur le parking à l'air libre.

Tout au bout, près d'une camionnette grise, les gars n'attendaient plus que moi. Nous ne nous sommes pas attardés. Un sourire en grimpant à bord, les deux valises côte à côte, un regard alentour en claquant les portières et bientôt plus personne.

*

Nous étions cinq. Paco était un petit Gitan para-noïaque qui, du haut de son mètre soixante, n'avait pourtant peur de rien. Oscar était fils de fourreur rue du Faubourg-Poissonnière, et n'était prêt à se mettre au travail que si un très gros coup se présentait. Albert était le dernier d'une longue lignée d'ouvriers à qui la perspective de suivre les traces familiales donnait des sueurs froides. Jean végétait comme plongeur dans une brasserie de la gare du Nord et volait une voiture plus vite que n'importe qui. Et moi, Jacques, qui perdais régulièrement sur les hippodromes l'argent que je gagnais dans les cambriolages.

Nous avions entre vingt-quatre et vingt-six ans. À nous cinq, nous totalisions déjà près d'une décennie derrière les barreaux pour des motifs divers. Mais chacun de son côté. Chacun ses affaires.

C'est Paco qui avait eu l'idée et, dès le départ, la conviction qu'il ne fallait mêler ni amitié ni famille au travail. Aucun de nous ne pourrait ainsi entraîner les autres dans sa chute éventuelle. Pas de sentiment, pas de scrupule. Il nous en avait convaincus et, malgré nos parcours similaires, nous n'avions jamais fait le moindre coup ensemble. Nous avions les mêmes vies mais en parallèle, si la police s'approchait de nous, ça ne la mènerait nulle part. Nous ne partagions que les bons moments. Pas le reste.

Tout ça durait depuis des années, chacun menait ses affaires dans son coin. Nous nous retrouvions souvent au restaurant, nous échangions nos expériences. Parfois, nous parlions juste de nos prochaines vacances ou de la fille qu'on avait ramenée la veille. Nous étions amis.

Mais quand Oscar nous avait invités un soir chez lui pour parler sérieusement, le principe de l'indépendance professionnelle avait vacillé. Ce qu'il fallait justement pour l'opération qu'il préparait, c'était une équipe soudée, une relation de confiance. Il avait commencé par là. Paco s'était immédiatement braqué, Albert avait tendu l'oreille.

Oscar nous avait exposé les grandes lignes de son plan, sans citer ni les noms ni l'endroit. Il était question d'une toile de maître et de dollars, tout était prêt, il fallait juste oser. Et le croire les yeux fermés.

Nous nous étions vite revus, Paco demandant des précisions, comme nous, Oscar nous avait parlé de Miami Beach, de Costano et de sa collection privée. Il revenait de passer huit jours sur place en repérage. Des photos de la maison et du personnel s'étalaient sur la table. L'absence de système d'alarme nous intriguait mais Oscar était formel. Il termina en nous affirmant que Costano et sa femme seraient absents de leur domicile les 13 et 14 juin suivants.

Quand nous lui demandâmes d'où provenaient toutes ces infos, il refusa de citer ses sources. Tout nous dire, c'eût été prendre un risque supplémentaire et inutile. Nous acquiesçâmes.

Il avait tout prévu. Cinq hôtels différents afin de ne pas nous montrer ensemble. Un plan détaillé des lieux. Cinq revolvers achetés lors de sa semaine d'observation et restés là-bas dans la consigne d'une gare, deux voitures louées en espèces et sans facture. Et surtout, ne pas prononcer le moindre mot devant témoin. Personne ne devait deviner que nous n'étions pas américains. C'était notre carte maîtresse. La police chercherait sur place, consulterait les fichiers, contrôlerait les automobilistes, et nous serions déjà rentrés, à l'abri des regards et au-dessus de tout soupçon.

Aucun de nous ne parlait anglais. Mais là encore, Oscar avait la réponse : il suffirait de communiquer nos volontés par écrit. Pas de parole donc pas d'accent. Avec un bon dictionnaire, on allait pouvoir s'en sortir. Et cela ajouterait un côté *sans appel* à nos instructions. Paco avait mis la touche finale au plan d'Oscar : le code des couleurs. Il y avait songé quelques mois plus tôt après un braquage un peu bavard. Un de ses complices l'avait interpellé en pleine épicerie en l'appelant par son prénom, il en frissonnait encore. En nous attribuant des noms de couleurs, nous passions ce risque sous silence.

✻

Nous avons roulé quelques kilomètres et Oscar a demandé à Jean de se garer. J'étais avec Albert et Paco à l'arrière de la camionnette, ils ont ouvert les portes pour nous rejoindre. Nous étions dans une sorte de no man's land le long des docks. Ils se sont installés avec nous et nous avons déverrouillé nos valises pour le partage. Cela faisait 200 000 dollars chacun. On n'en revenait pas. Nos petits coups paraissaient loin. Le luxe nous tendait les bras.

Mais Oscar a tempéré notre enthousiasme, il a parlé d'un air grave, il nous devait toute la vérité.

Nous l'avons laissé dire, tout à notre fortune. Il a commencé par nous raconter comment il avait recueilli les renseignements et mis tout ça au point, comment, dans une boîte sur les Champs, il avait fait la connaissance d'un cuisinier revenant de passer deux ans au service de Costano. Comment, verre après verre, le cuistot s'était répandu sur son ancien patron et son goût pour les arts.

— Il a fini par m'affirmer qu'il n'y avait aucun système d'alarme, bafouilla-t-il enfin.

— Et tu n'as rien vérifié, j'ai soufflé en le fixant.

— Tu l'as recroisé, ce cuisinier ? C'est qui ?

Il a baissé les yeux, on était atterrés. Oscar nous avait entraînés dans un casse de grande envergure et nous dévoilait soudain tout l'amateurisme de son plan. Nous avions couru des risques énormes sur les simples paroles d'un type croisé tard le soir autour d'une bouteille vide, nous avions joué les funambules. Un château de cartes, même couronné de succès.

— Tu as tout basé là-dessus ?, s'est énervé Albert.

Oscar a relevé la tête.

— Ça n'est pas tout, a-t-il dit. Ça n'est pas le plus grave.

Il prit une grande inspiration avant de nous avouer que Costano n'était pas seulement le propriétaire d'une chaîne de restaurants. Le plus grave, c'est qu'il était aussi, et surtout, l'un des plus gros trafiquants de drogue de la côte Est. Ses restaurants blanchissaient à plein régime l'argent de la mafia, le gouverneur ne prenait pas une décision sans son aval, la police lui mangeait dans la main. Et tout ça, Oscar en avait obtenu confirmation sur place.

L'absence de système d'alarme et de gardien signifiait justement que Costano ne craignait ni les voleurs ni personne, qu'il était le chef de tout et de tout le monde, que s'attaquer à lui ou à ses biens revenait à signer son arrêt de mort sans aucune autre issue possible.

En nous parlant de confiance et d'équipe soudée, Oscar nous avait conduits tout droit dans la gueule du loup, et lui avec. En humiliant Costano, nous étions tous les cinq devenus des cibles en sursis qu'il traquerait toujours et partout. Nous étions dans cette camionnette avec nos tas de billets, à nous gueuler les uns sur les autres en nous rendant soudain compte que nous venions de franchir un cap, celui du grand banditisme, des règlements de comptes et de la clandestinité. Il ne nous serait désormais plus possible de nous afficher ensemble ou de vivre comme avant. Costano remuerait ciel et terre pour nous mettre la main dessus et laver son honneur. Et il y parviendrait, on ne savait pas comment, mais nous étions maintenant certains d'avoir commis nombre d'erreurs. Le mieux était sans doute de nous séparer là sans chercher à nous revoir. Chacun pour soi. Pour cette raison au moins, j'en voudrais toute ma vie à Oscar.

— Mais regardez, les billets sont là !, répétait-il comme un pardon.

Paco prit sa part le premier. Il fourra les liasses dans les poches de sa veste et ouvrit les portes pour sortir. Jean l'imita, Albert et moi les suivîmes. Oscar descendit enfin, il nous dit qu'il était désolé mais qu'il n'avait pas de regret, que ça valait le coup. Nous n'ajoutâmes rien.

Nous allions nous quitter là et j'émis une idée, un dernier lien entre nous, un rendez-vous. Dans un an, annuaire du 01. Dans deux ans, annuaire du 02, ainsi de suite. Page 100, première adresse. À midi. Je dis que j'y serais. Jean aussi.

C'est ainsi que nous nous quittâmes après notre si beau casse et nos années de rigolade. On ne flamba pas dans des tournées de champagne, on ne déambula pas au petit matin à l'Étoile, on ne regarda pas le soleil se lever sur Saint-Tropez, on ne fit pas la Croisette. Il n'y eut pas d'aérodrome, ni de casino ni de cabriolet sport, rien d'insolent, pas de cigare. Il n'y eut pas de fête. Il n'y eut que le silence, la panique, et nous cinq terrorisés, ce *Be sure you'll die for that* qui prenait tout son sens, un rendez-vous dans l'Ain l'année prochaine, un au revoir farouche et des chemins qui se séparent dans la grisaille havraise.

II

Jacques

J'ai fait mon coup le plus audacieux à vingt-six ans, mon coup d'éclat, dans une villa de Miami Beach. Et puis j'ai rejoint Paris et mené la vie normale d'un grand voyou multicarte. Des bars de nuit, des filles sur les trottoirs de Pigalle, une liaison avec Marseille pour des kilos d'héroïne, le milieu nantais, trois ou quatre corps enterrés dans la forêt de Fontainebleau, quelques braquages. Un enfant, aussi, que je n'ai jamais vu. Je ne sais même pas si c'est un homme ou une femme. J'ai fait une belle carrière.

Côté passif, des traces de brûlure sur les couilles en souvenir d'une nuit passée attaché dans une cave, une balle dans le poumon et le bruit des menottes, une autre dans la cuisse à l'arrière d'une voiture. Une balafre au-dessus de la nuque, une autre sur l'épaule, une grande cicatrice sur l'avant-bras et seize ans de prison au total.

Avec sa tête de premier de la classe et du haut de ses cinquante ans, mon petit voisin a quand même passé deux ans de plus que moi à l'air libre. Il a vu plus de choses, il a plus d'expérience. Il taille sa haie. Il s'y prend plutôt bien. Il lève les yeux, je lui envoie un signe de la main. Je crois que personne dans le quartier ne sait vraiment qui je suis. J'ai soixante-quatre ans, les tempes grises et des lunettes. Je ne suis pas bavard mais je salue tout le monde.

Cela fait dix ans que je vis ici et que tout est terminé. À ma dernière sortie de centrale, les choses avaient changé. Des gars de la banlieue ouest avaient fait main basse sur mon secteur, mes anciens collègues avaient disparu ou changé leur fusil d'épaule, je m'étais retrouvé seul. Mon avocat avait géré mon patrimoine durant mon incarcération, j'avais retrouvé mon trésor de guerre investi dans l'immobilier de bureau à la Défense. Un placement en or.

J'avais décidé de m'installer ailleurs, j'avais rejoint la Bretagne de mon enfance. J'étais tout gamin à l'époque de la mutation de mon père, je ne connaissais rien de Rennes. Mais Paris n'était plus possible. Je me disais aussi que les gens étaient les mêmes partout, qu'il y avait partout de l'argent à prendre et des beaux coups à faire.

J'acquis cette maison sur les bords de la Vilaine et y fis acheminer tout mon foutoir, mes meubles, mes objets, mes archives. Dans les premiers temps, je me mis au travail. Je fouinai dans tous les sens à la recherche d'un coup futur, je trouvai presque. Je mis tout sur pied et tentai de recruter l'équipe. Et puis un doute, ou peut-être l'âge, mes rentes ou le souvenir des huit ans que je venais de passer à Fresnes, je ne sais pas, j'ai reculé. Je n'ai jamais plus retouché une arme. Je suis un retraité paisible. Je vais parfois boire un café dans le centre-ville, les garçons me servent, aucun d'eux ne se doute de ce que fut ma vie.

Costano est enterré depuis longtemps. J'avais appris la nouvelle depuis ma cellule, j'avais la télé, un privilège de détenu riche. Le reportage montrait quelques images du Rital flamboyant. On parlait de ses liens avec la mafia, de sa puissance et de son autorité. Il s'était fait descendre dans sa piscine sous les yeux de sa vieille épouse. Son petit frère promettait de tout mettre en œuvre pour trouver les coupables et reprenait les rênes de l'empire. Par extension, j'avais compris que la mort du magnat ne levait pas pour autant la menace qui planait sur nos têtes depuis 71.

Même si près de quarante ans ont passé, nous sommes toujours sur le qui-vive. Même si Costano frère n'a sans doute plus aucune chance de nous mettre la main dessus, nous continuons de ne déjeuner ensemble que le 21 juin, en prenant de multiples précautions. La première fois, nous nous étions retrouvés dans l'Ain comme je l'avais proposé. Seul Jean n'était pas venu. En prison, peut-être. Il n'était pas dans l'Aisne l'année suivante, ni dans l'Allier celle d'après. Nous ne l'avons jamais revu. Nous n'avons jamais su ce qu'il était devenu. L'année prochaine c'est dans le 39, le Jura, je ne connais pas.

Nous ne sommes plus que trois. Albert s'était exilé en Vendée, il avait acheté un camping. Aujourd'hui, il est l'heureux propriétaire des trois plus gros terrains des Sables-d'Olonne. Il s'habille en blanc six mois sur douze. Les familles d'ouvriers sont ses meilleurs clients.

Paco vit près de Perpignan, retranché au centre d'un champ de caravanes dont il est le patriarche. Il règne sur toutes sortes de trafics, du plus minable au plus juteux, les jeunes font le sale boulot. Je crois que nos rendez-vous annuels sont sa seule sortie du camp.

L'opposé d'Oscar. Lui, Oscar, c'était autre chose. Après Miami Beach, Oscar s'était spécialisé dans le recel d'objets d'art. Il s'était installé à Bruxelles où, semblait-il, ses activités pouvaient passer bien plus facilement qu'en France. À l'entendre, il était devenu l'un des cinq *négociants* les plus importants de la planète. Faire partie des meilleurs, c'est connaître personnellement les quelques-uns qui peuvent te battre, disait-il. Il jouait les milliardaires, débarquait dans le soleil de juin vêtu d'un manteau de fourrure et toutes dents blanches dehors. Dès la première année, j'avais remarqué le briquet en or serti de diamants avec lequel il allumait nonchalamment ses cigarettes. Oscar côtoyait le grand monde. Nos réussites le faisaient sourire.

Oscar est mort dans un accident de voiture il y a huit ans sur une corniche de la Côte d'Azur. On a retrouvé la carcasse quarante mètres plus bas. La police et la justice enquêtèrent sans succès sur ce qu'ils estimaient être un règlement de comptes, le nom d'Oscar apparaissant dans plusieurs affaires en cours. Il avait même déclaré publiquement qu'il aurait de belles révélations à faire. Sa mort arrangea sans doute plusieurs de ses amis. Oscar n'avait que des amis.

Bien sûr, nous en avions parlé lors du rendez-vous suivant, et l'ombre de Costano était revenue danser sous nos visages. Mais nous nous étions calmés et, le temps passant, nous en étions venus à nous dire que les dangers n'étaient sans doute pas plus proches de nous qu'avant. L'histoire vieillissait. La soif de vengeance s'étiolait peut-être de l'autre côté de l'Atlantique. Et surtout, rien ni personne ne pouvait prouver que nous nous connaissions à l'époque. Nous n'avions fait qu'un coup ensemble, celui-là, la police n'avait jamais soupçonné le moindre lien entre nous. Depuis, nos vies n'avaient eu de commun que ces entrevues clandestines une fois l'an à des adresses différentes.

La vie avait repris son cours. Oscar semblait ne pas avoir parlé.

*

Boire un café dehors, libre, sur ma terrasse. J'en ai tant rêvé durant mes années d'enfermement que je ne me lasse pas de savourer ce plaisir aujourd'hui. Tous les matins depuis dix ans, quel que soit le temps, je suis là, ma tasse fumante à la main. Je regarde la rivière, je lève les yeux vers le ciel, j'estime le temps qu'il va faire. Quand il pleut, je m'adosse à la porte, sous le préau. Je respire.

Et puis mon pote le facteur arrive, je ne connais pas son nom. Nous nous serrons la main, il me donne mon courrier. Je lui propose un café, qu'il refuse avec le sourire, il me souhaite une bonne journée, je lui souhaite bon courage. Ensuite, il va chez mon petit voisin et sa famille modèle. Après son départ, j'allume ma première cigarette. Mon rôle de retraité me sied à merveille. Mes habitudes me font parfois sourire.

Mais ce matin, quelque chose a changé. Je fume la même cigarette que tous les jours mais je respire différemment, le ronron tourne court. Je suis sans doute livide mais je n'ai pas encore peur. Je suis seulement sonné.

Ce matin, je sais que quelqu'un est là, pas loin, qui m'observe et me connaît. Je ne sais pas qui c'est mais je sais que le voyage a pris fin. Ils m'ont trouvé, moi et les autres, et il nous est inutile de fuir.

Ce matin, mon pote le facteur m'a amené une enveloppe kraft contenant mon arrêt de mort, une photo, sans un inutile mot d'explication, une grande photo dont j'avais même oublié l'existence, et le passé me saute à la gorge, me parcourt la colonne vertébrale. Il y a nos cinq visages en noir et blanc, tous entourés d'un trait de crayon rouge. C'est une vieille photo. C'est nous cinq.

C'est fini.

III

Yvan

De toute façon, je ne me suis jamais senti bien dans ce boulot. J'y allais la mort dans l'âme. Le calvaire durait toute la journée. Le service du midi était un enfer, tous ces types en costume et ces filles qui se croyaient belles, qu'il fallait servir toujours plus vite, hurler les commandes dans la cohue générale, se faire siffler tous les deux mètres pour une salière vide ou une carafe d'eau en retard. Le tout sanglé dans un tablier prétendu *traditionnel*, j'avais l'impression d'être déguisé.

Mes collègues, eux, ça ne les dérangeait pas. Rien ne les dérangeait. Ils formaient une équipe, ils se recevaient les uns les autres, c'était leur vie. Ça bossait dans l'amitié virile, ça commentait le match de la veille ou les résultats du Loto, ça parlait même politique, tous du même bord. Moi, je n'ai jamais fait partie de la bande. Ils me prenaient pour le gars bizarre, le timide de service. Ils n'avaient pas tort, leur connerie me paralysait. Je restais discret. Je faisais mes heures en guettant la pendule.

27

Cela durait depuis six ans. Je prenais sur moi. Depuis six ans, je vivais sans m'en rendre compte, en apnée, je me voyais de loin sans me reconnaître. Je pensais à moi à la troisième personne, je pensais *il traversa la rue* quand il s'agissait de moi-même, je me regardais faire, étranger au cours des choses et à ma propre vie. Il m'arrivait de me croiser dans le miroir, de souhaiter réagir sans en trouver la force. Quand je prenais mon souffle, je finissais toujours par soupirer. Gaëlle me manquait, c'est tout.

En six ans, je n'ai rien fait d'autre que tenter de l'oublier. J'ai testé sans y croire tous les moyens possibles, toutes les substances imaginables. Elle avait regagné Rennes, libre et légère, j'étais rentré seul à Rouen avec ce vide immense, la terre qui s'ouvrait sous mes pas. Elle m'a quitté sans un mot. Elle reste mon plus beau souvenir.

Je lui avais écrit des centaines de lignes d'amour, toutes demeurées sans réponse. Je ne me rappelle pas vraiment ce que je lui disais mais je sais que j'avais alors la plume agile et l'imagination féconde. Pas une carte, pas un message, aucune parole de réconfort n'est jamais venue me redonner le moindre espoir. J'envisageais le suicide.

Il a fallu vivre sans elle. Faire avec. Tenter de construire une vie autour de son absence. Ne plus jamais boire de Martini, par exemple, qu'elle affectionnait tant. Jeter mon disque de Portishead. J'ai emprunté les chemins les plus sinueux pour éviter son souvenir. Bannir le beurre salé de mon quotidien, rayer la Bretagne de ma carte intérieure, changer de trottoir quand la moindre crêperie se mettait en travers, autant de manies dérisoires que j'avais adoptées les unes après les autres pour me préserver d'elle. Vivre dans un labyrinthe dont l'image de Gaëlle bloquait toutes les issues.

J'avais même essayé de plaire à nouveau, de l'oublier dans les bras d'une fille séduite un soir à grands coups de vodka-pomme. C'était il y a des années, avec une folle qui se coupait les cheveux toute seule et m'appelait en pleine nuit pour me lire des poèmes. J'avais abandonné après deux semaines d'un érotisme très littéraire. Juste avant qu'elle ne décide d'avoir un enfant de moi, je suppose.

Marcher seul dans les rues, trouver soudain que cette inconnue lui ressemble, se rendre compte, au final, qu'elle est très différente. Aller travailler, affronter la désolante joie de vivre de mes collègues, ces abrutis plus heureux que moi, leurs blagues de cour d'école. Faire ses courses. Ouvrir le matin ses volets, se forcer à faire face, regarder les gens vivre et se demander comment ils font. Avoir parfois des frissons au son d'une bête chanson d'amour, penser que personne d'autre n'en comprend vraiment les paroles. Passer ses vacances chez sa mère, lui dire que tout va bien, partir plus tôt que prévu. Parfois, aller voir la mer. Trouver ça joli, écouter le bruit des vagues, s'asseoir dans le sable. Et se dire que, sans elle, ça ne sert pas à grand-chose. Se demander où elle est, ce qu'elle fait.

Et fatalement, terminer devant la télé. Mais là encore, mon désarroi prenait les choses en main. Je n'y voyais que les images d'un monde dans lequel je n'avais pas appris à marcher. Des reportages sur le trentenaire d'aujourd'hui, son goût pour la *hype* – je n'ai même jamais su ce que ça voulait dire –, son mode de vie branché, le bien-être, les sites de rencontre, à l'aise dans la vie, bohème et carte Gold, tout ça me donnait l'impression d'avoir loupé une marche, d'être sur le bord. Ma génération semblait s'amuser sans moi.

Je n'étais même pas sûr d'avoir envie de la rejoindre. Quand j'étais petit, on ne se demandait jamais si une fille avait de vrais seins ou non. À l'époque, ce qui était nouveau le restait quelque temps, sans risquer d'être *dépassé* le mois suivant. Être célèbre n'était pas un métier, on pouvait être heureux sans être riche et top model. Les vedettes de mon enfance avaient eu un parcours, de beaux films, des jolies chansons. On n'était pas là pour rien. Aujourd'hui, la télé me montrait des inconnus, des nouveaux chaque semaine, qui déclenchaient l'hystérie d'un simple battement de cils. On ne parlait plus de musique mais de nombre d'exemplaires vendus, on ne parlait plus du septième art mais de millions de recette. Je n'y comprenais rien.

Sans parler des pubs, qui, du protège-slip qui *limite les odeurs*, au yaourt qui *facilite le transit*, entamaient chaque jour un peu plus l'idée que je me faisais jadis de *l'éternel féminin*.

En fait, quand j'étais seul devant ma télé, j'avais l'impression d'être vieux.

∗

Mais depuis deux semaines, c'était différent. Une lumière criarde avait fait irruption dans mon tunnel. Je voyais Gaëlle tous les jours. Tout se fendille et s'écroule le temps d'un claquement de doigts. Ça commence par une chaîne plutôt qu'une autre, un soir d'ennui dans le canapé, son visage et sa voix qui enva-hissent mon studio sans crier gare et moi qui sursaute, sonné, pris au piège, incapable du moindre geste. Tout s'accélère les jours suivants, je la croise au petit déjeuner, je la regarde rire, nager la nuit dans une piscine, je la vois même sous la douche à travers des vitres opaques. Je la regarde à nouveau dans les yeux, je frémis, j'y arrive.

L'émission s'appelait *People Story*. Mon vieil amour s'y trémoussait sous le regard de téléspectateurs chaque jour plus avides de ses déhanchements ou de ses innocents fous rires. Je la regardais comme une étrangère et comme une sœur à la fois, fasciné, malheureux, en colère, ému, ça dépendait. Elle était toujours aussi belle. Elle était devenue un peu conne.

Son prénom ne tarda pas à se faufiler dans les discussions au travail, un supplice supplémentaire. Je vis même son sourire en couverture d'un magazine. On s'extasiait sur sa fraîcheur, mes collègues bavaient sur sa cambrure, l'un d'eux me prit à témoin, l'autre m'écarta d'un geste vague.

— Non non, il ne regarde pas ça, Yvan, ça n'est pas assez bien pour lui, a-t-il rigolé.

— *Gros con.*

Je n'ai rien répondu. Je ne leur ai pas dit que sa fraîcheur me foudroyait, que sa cambrure hantait mes nuits depuis six ans, que Gaëlle avait été la femme de ma vie et que ma vie, depuis, ne vacillait qu'autour de son absence. Je ne leur ai rien dit de tout ça. Je suis juste allé prendre une commande.

Et tous les soirs à la même heure, je me plantais devant elle et ses colocataires, hypnotisé.

L'émission reprenait les grandes lignes de toutes celles qui l'avaient précédée. Un décor flamboyant, une sorte d'immense appartement multicolore comme une maison de poupée, une extravagante piscine en forme de cœur, une salle de bains clinquante, la douche au beau milieu, soixante caméras et douze candidats à la gloire : six garçons rutilants et bien dans leur époque, six filles moulées dans des tenues de scène et actives comme pas deux. Une éviction en direct chaque samedi en *prime time*, soumise au vote des téléspectateurs. Les fameux SMS surtaxés, qui m'avaient, dès la première semaine, valu un courrier de mon opérateur. J'en avais envoyé soixante-huit le même soir. Ma facture s'embrasait. Tout ça en pure perte, puisque Gaëlle *continuait l'aventure*. Il allait me falloir la regarder vivre au moins sept jours supplémentaires.

Le principe même de l'émission, en revanche, comportait une nouveauté. Cette fois, on ne proposait pas aux candidats de devenir chanteur, de survivre sans manger ou de trouver l'âme sœur dans la campagne. Ni maison ni gros chèque à la clé. Mais un travail. Un poste de reporter au service information de la chaîne. Un boulot de journaliste, je n'en croyais pas mes yeux.

On allait, tous les deux jours et en alternance, confier à six des candidats un caméraman, un perchiste et trois gardes du corps. Ouvrir à chacun les portes du palais avec obligation de revenir avant minuit muni d'un reportage. Thème au choix, et roule. Ni directive ni conseil. Les meilleurs sujets seraient montrés quotidiennement. Durant le générique, une voix grave expliquait que le but était de *faire émerger un regard nouveau sur le monde, hors des sentiers journalistiques habituels*.

Dès le deuxième jour, Gaëlle m'a nargué en se baladant en culotte dans mon écran. J'avais les yeux mouillés. Elle dont la pudeur m'attendrissait. Elle devait porter un regard neuf sur le monde, en effet.

IV

Yvan

Les votes du public n'étaient censés sanctionner que l'intérêt des reportages rapportés par les candidats. De l'objectivité pure et dure. La première éliminée n'avait que peu de poitrine et tournait bien ses phrases, elle avait lassé tout le monde avec dix minutes filmées dans la journée d'un SDF. On lui avait préféré le quotidien d'un maître nageur (pris sur le vif par Gaëlle), les conseils d'une esthéticienne et la séquence d'un des garçons, moins bêta qu'il n'en avait l'air, et au prénom curieux : il s'appelait Zeub et s'était promené dans les rues en accostant des passants au hasard. Il leur demandait de raconter ce à quoi ils pensaient à cet instant présent, juste avant qu'il ne vienne vers eux, là, tout de suite.

Et les réponses étaient étonnantes. Un homme songeait aux milliers de kilomètres que parcourt un caddie de supermarché tous les ans – *ça doit être énorme* –, un autre parlait de la fille de Lauren Bacall et d'Humphrey Bogart, qui était devenue infirmière – *on n'imagine pas ça, hein* –, une femme entonnait un morceau qu'elle avait dans la tête – *une fois au moins dans sa vie, de préférence la nuit* –, un vieux expliquait le déclin de la religion – *marcher sur l'eau, changer la flotte en vin, tu parles, ça fait plus rêver les jeunes.* Tout ça donnait un mélange étrange, comme un zapping humain, grandeur nature. On ne savait rien des personnes qui s'exprimaient, il n'y avait aucun commentaire, on ne leur demandait aucun avis, aucune réaction sur aucun thème prédéfini.

Je ne sais pas combien de quidams Zeub avait questionnés. Deux cents peut-être, ou plus. Combien de refus il avait essuyés, combien de tristes réponses il avait pu entendre. Mais le montage de cette trentaine d'inconnus, leurs propos décousus sur les sujets les plus divers, avait un charme surprenant. La douceur et l'humour y étaient, la curiosité, le sourire. Le bizarre venait peut-être aussi du fait que l'on se rendait soudain compte que les gens, souvent, pensaient à quelque chose.

Les autres candidats comprirent assez vite que Zeub obtiendrait, semaine après semaine, les faveurs du public. Il semblait vouloir exploiter le filon sur toute la durée du jeu. En prime, il était beau comme un astre. Les autres candidats, Gaëlle en tête, entreprirent de séduire les téléspectateurs d'une autre manière. Plus ancienne, plus directe, moins créative. Tant pis pour les reportages.

Les gars commencèrent à se liguer contre lui, les filles décidèrent clairement de faire bander dans les chaumières. Des éclats de rire toutes les trois secondes, de la danse partout et tout le temps, la langue sur les lèvres à la moindre occasion. La situation prit pour moi des allures de catastrophe. Je ne savais plus si je souffrais par amour ou si j'avais simplement honte. Gaëlle se trémoussait en permanence, sûre d'elle d'un bout à l'autre. Toujours aussi belle. Mais belle pour rien, dans le vide. Pas un doute, pas un moment de recul, en plein dans le réel, dans l'instant. Rien devant, rien derrière. Tellement loin de la fille qui m'obsédait. Je ne voyais qu'elle sans la reconnaître.

Et puis il y a deux jours, elle est allée trop loin. Elle a dépassé les bornes, elle m'a plongé la tête sous l'eau pour de bon : elle a parlé de moi. Devant tout le monde. Elle a parlé d'un de ses *ex*, j'ai sursauté pour la vingtième fois de l'émission. Elle a dit que cet *ex* pitoyable avait, il y a des années, inondé sa boîte aux lettres de déclarations toutes plus pathétiques les unes que les autres. Ses colocataires lui ont demandé de leur en citer de mémoire quelques extraits, tout ça s'est fait en s'esclaffant, affalés dans les canapés rose bonbon. Elle a tenté de se remémorer ma prose sans y parvenir, elle a employé plusieurs fois le mot *niais*, ses copains la suppliaient.

Elle a fini par dire que le paquet de lettres se trouvait toujours dans sa chambre de jeune fille, qu'elle allait se les faire envoyer pour une bonne rigolade en perspective.

J'ai failli m'évanouir.

Ça m'a pété à la gueule juste avant le service. Depuis six ans, j'allais tous les jours aux toilettes aux environs de midi. Ça me libérait. Mes collègues pointaient du doigt mes montées de stress à l'approche du rush, ils trouvaient ça drôle. Alors c'était rituel, je me soulageais et, en sortant, j'avais droit à mon petit sourire en coin dans le meilleur des cas, ou à une bonne vanne quand ils étaient inspirés. Je marchais vers le bar prendre mon plateau, la corrida commençait.

Ce midi, tout a démarré de la même manière. Je suis allé vers les toilettes, j'ai croisé un collègue qui m'a rigolé au nez, je n'ai rien répondu, j'ai failli bousculer une fille qui se levait de table et je me suis enfermé. J'ai relevé les deux pans de mon tablier *traditionnel* et ouvert ma braguette. Quand j'ai eu terminé, j'ai refermé mon pantalon sans regarder, j'ai laissé retomber mon tablier. C'est là que l'horreur m'a sauté aux yeux, j'ai retenu mon souffle en découvrant le désastre : j'avais pissé de travers. Le beau tissu azur était pourvu d'une énorme auréole qui tirait sur le bleu pétrole, j'étais horrifié. Je me suis vu sortir tout penaud, le tablier plein de pisse. Me faire foutre de moi. Puis entendre parler de Gaëlle, de sa cambrure, de sa bouche, de ses seins et de cet *ex* ridicule. Je n'ai pas pu. C'était la goutte d'eau.

Je crois que ça s'est fait dans le calme. J'ai ouvert et j'ai marché, j'ai laissé le tablier dans les WC. Je n'ai vu personne me sourire. J'ai posé mon plateau sur le bar, le patron m'a fait signe d'aller m'occuper d'une table derrière moi, je l'ai regardé sans réagir. Un autre serveur y est allé à ma place, le patron m'a fait les yeux noirs en tapant une addition. Impossible de reprendre mon rythme. Impossible de continuer comme ça. Trop tard. Ça vient de changer.

Je suis sorti sans un mot, j'ai marché jusqu'à chez moi. J'ai pris ma Carte Bleue. Au distributeur, j'ai vidé mon compte. Deux mille euros. J'ai pris un billet de seconde. Le train partait vingt minutes plus tard, je suis allé boire un café au buffet de la gare en attendant.

J'étais calme. Le garçon a lorgné ma liasse quand j'ai payé.

On roule depuis une heure. On traverse la campagne. Je suis toujours habillé en serveur, je ne me suis pas changé. Je n'ai même pas pris d'affaires. J'appréhende un peu, évidemment, et pour deux raisons majeures. La première, c'est que je file vers la Bretagne, ce pays de cons que j'ai radié de mon univers depuis six ans. Je vais pénétrer en terre ennemie.

La seconde, c'est que j'ai décidé de modifier le cours des choses. De sauver ce qui peut encore l'être de mon si bel amour d'antan avant de l'envoyer valser pour de bon, faire une croix dessus, tirer un trait, etc. Je sais que j'ai aimé Gaëlle. Je sais que je ne l'aime plus. Je sais aussi, surtout, que je ne la laisserai pas salir notre histoire de cette manière. J'ai trop souffert pour tolérer ça. Les lettres sont à Rennes, chez ses parents, elle l'a dit. J'ai écrit l'adresse assez souvent pour m'en souvenir une dernière fois.

Je vais cambrioler la baraque. Il n'y a rien d'autre à faire. Forcer la porte, trouver sa chambre et les récupérer.

C'est tout.

V

Jacques

J'ai posé la photo à côté du téléphone, je suis ressorti doucement après avoir raccroché. Ma vie n'a pas défilé sous mes yeux, pas de souvenir éclair, ni de regret foudroyant. Le temps s'est juste arrêté. Je n'ai pas bougé depuis. Je suis sur ma terrasse. Je regarde devant moi, tout est comme tous les jours. Le bruit du sécateur a cessé, mon petit voisin a fini de tailler sa haie. Sur la rivière, les occupants de la péniche sont en train de larguer les amarres, ils emmènent leur maison plus loin, ils déménagent. J'ai peut-être un point rouge au milieu du front depuis une heure. Un piéton qui promène son chien, une femme à vélo : la vie suit son cours. Une voiture qui passe au pas. J'attends. Les secondes n'en finissent pas.

Je n'ai pas frémi quand le téléphone a sonné, je n'ai pas tremblé quand j'ai décroché. Il n'y aura plus de surprise, plus de sursaut, juste un couperet. Une voix de femme.

— *Vous avez reçu mon courrier ?*

Calme, sans accent. Je n'ai pas menti, rien caché. Elle veut me parler. Je n'ai pas posé de question.

Il est trop tard pour chercher la sortie. Je n'ai même pas peur. Je ne sais pas où elle est, qui l'accompagne, où sont les tueurs qui cernent sans doute la maison depuis plusieurs jours. Je ne sais pas ce qu'ils attendent, quel moment sera plus propice qu'un autre. Costano frère m'observe peut-être aux jumelles depuis un des appartements d'en face. Trente-neuf ans de cavale qui prennent fin.

Elle est arrivée peu avant midi. Je lui ai ouvert et me suis écarté, elle est passée devant moi, elle portait un gros sac, puis s'est plantée au milieu du salon pendant que je refermais la porte. La petite quarantaine, assez élégante. Les cheveux courts. Sportive, sans doute. J'ai croisé les bras. J'ai attendu qu'elle parle, ça ne venait pas. Elle me fixait sans violence mais avec détermination.

— Vous souhaitiez me parler, ai-je fini par avancer.

Elle a soutenu mon regard et j'ai baissé les yeux. Je les ai relevés d'un coup.

— De quoi ? De quoi voulez-vous parler ? Qu'est-ce que vous voulez que je vous dise ?

— Calmez-vous.

Je l'ai interrompue, j'ai affirmé que j'étais calme. Elle ne m'a pas paru si sereine et sûre d'elle que je le croyais. Je l'ai fixée à nouveau, résigné mais digne.

— Je suis ici pour parler du tableau de John Costano, a-t-elle dit.

— Je sais.

La porte de la cuisine s'est entrebâillée dans un petit bruit de frottement, elle a tourné la tête vers sa gauche.

Mon chat noir est apparu, il a traversé la pièce jusqu'à son gros sac, qu'il a reniflé. J'ai vu son regard changer, elle s'est reprise, a ramené ses yeux sur moi. Elle avait peur.

— Tout d'abord, a-t-elle commencé, je voudrais m'excuser pour la manière que j'ai eue d'entrer en contact avec vous. Je n'en ai pas trouvé d'autre.

Je la laisse dire. Elle hésite. Elle est là pour me tuer, elle ou des types qui patientent dehors, mais j'ai l'impression que la situation lui échappe sans que j'y sois pour quelque chose. Elle a pourtant le regard franc, la voix claire, elle sait ce qu'elle dit. Je ne comprends rien et je veux qu'on en finisse.

— Voilà, tranche-t-elle, je travaille sur une biographie. J'ai besoin de vous pour l'écrire.

— Un livre… ?

Je veux être certain d'avoir bien entendu. Je décroise les bras. Cette gonzesse et sa photo me donnent des sueurs froides depuis ce matin, elle est là, dans mon salon, et je suis prêt à souffrir, mourir, payer pour notre audace, le chemin va s'interrompre, tout ça pour un bouquin ? Nous avons rasé les murs, pris toutes les précautions possibles, brouillé les pistes, tout ça pour qu'on vienne trente-neuf ans plus tard me réveiller, me démasquer, le pot aux roses à ciel ouvert, me faire froid dans le dos, tout ça dans le seul but d'écrire un livre ?

— Qui êtes-vous ?, j'ai dit froidement.

Elle sourit.

— Je suis Chloé Lavigne.

Tous mes nerfs lâchent en même temps. Chloé Lavigne. Tu parles si je la connais. La chroniqueuse judiciaire de *Libération*. Celle qui a rédigé la plupart des articles me concernant à l'époque où je faisais parfois parler de moi. Elle avait même vanté mon charisme lors de mon dernier passage aux assises. Elle connaît tout le banditisme, toutes les affaires, une vraie bible, ses articles font presque foi devant les tribunaux. Si je n'avais pas soif d'anonymat, je serais sans doute ravi de faire enfin sa connaissance. Je la regarde en face. Elle est jolie.

Je me demande par quel biais elle a bien pu remonter jusqu'à nous cinq, dénicher cette photo introuvable, faire les rapprochements, retrouver nos traces, reconstruire le puzzle, là où Costano a échoué.

Mon visage n'en laisse rien paraître mais je suis presque impressionné.

Inutile de dire que je n'y suis pour rien, que je ne comprends pas de quoi elle parle. Elle m'a ficelé du premier coup avec cette photo, puis ce coup de fil. En acceptant qu'elle vienne, j'ai signé mes aveux.

— Et si je refuse de vous parler ?

— Vous avez déjà accepté puisque je suis ici.

Elle m'a eu comme un gamin. Je garde la face mais je m'en veux de n'avoir rien vu venir.

— J'ai amené des affaires, dit-elle en désignant son gros sac. Aucun voisin ne m'a vue entrer chez vous. Je suis là incognito, vous pouvez me faire confiance. Personne ne sait que je suis ici.

Elle attend peut-être une réponse. Je l'observe. Elle s'invite chez moi, elle m'a coincé, elle a percé le mystère. Et elle veut que je lui raconte la suite. Tous les détails. La fascination pour les gangsters, les yeux qui brillent pour les mauvais garçons, le risque, s'approcher du soleil, elle en a même fait son métier. J'ai croisé plein de filles comme elle.

Je ne lui dirai rien. Des histoires de flingue et d'argent sale, j'en connais assez pour lui faire faire plusieurs fois le tour de la planète sans qu'elle touche le sol, je sais faire, elle va être aux anges. Je vais la noyer sous mes souvenirs ou ceux des autres, l'étourdir dans mes trajectoires hors norme, elle en frissonnera de plaisir, je lui raconterai l'histoire du pont de Nantes.

Mais elle ne saura rien sur Costano et nous cinq. Nous avons pris trop de précautions pour tout laisser s'écrouler, le silence est notre seule garantie. Elle ne saura rien. Elle repartira comme elle est venue, la tête pleine et les poches vides.

— Je dois vous dire une chose dès maintenant, ajoute-t-elle.

Elle est ferme, sûre d'elle, mais elle mesure ses mots. Je l'impressionne.

— Une enveloppe cachetée se trouve chez un notaire. Elle contient l'original de la photo que je vous ai fait parvenir. Elle contient aussi une lettre expliquant ce que je sais de l'affaire et la raison de ma présence ici. Je dois appeler deux fois par jour. Si je n'appelle pas, les documents seront rendus publics.

Elle m'a baisé.

— Je suis désolée, mais je devais prendre certaines précautions avant de m'aventurer jusqu'à vous.

Comme un gamin. Elle m'a baisé comme un gamin.

Tout ça pour un livre.

VI

Jacques

Je lui ai montré sa chambre, la salle de bains, je lui ai fait faire le tour du propriétaire. Dans son sac, elle a aussi des boîtes de conserve pour une semaine et son ordinateur portable. Elle l'a laissé sur le lit.

Nous n'aurons pas besoin de sortir, personne ne se doutera que j'héberge quelqu'un chez moi. Elle a tout prévu pour gagner ma confiance. Elle a l'air concentré. Elle scrute les moindres recoins de ma tanière, découvre les pièces en acquiesçant. Elle ne m'avait jamais vu de si près.

Elle m'a localisé il y a deux semaines. Elle est à Rennes depuis trois jours. Depuis trois jours, elle observe mes habitudes, mon train-train quotidien. Elle a aussi fait plusieurs fois le tour du secteur et constaté que ma maison donne sur deux rues : les quais devant et une impasse derrière, sur laquelle ouvre le garage. C'est ce qui m'avait fait choisir cette maison-là il y a dix ans. Outre la vue, elle offrait une issue de secours à l'abri de presque tous les regards. Un potentiel demeuré inutile.

— Je vais vous montrer quelque chose qui devrait vous plaire, lui dis-je.

J'ouvre la porte et nous prenons l'escalier du sous-sol. Elle me précède. Arrivée en bas, elle fait un pas dans le noir, je lui dis de continuer un peu, je reste près de l'interrupteur. Elle tâtonne dans l'obscurité, on ne distingue que deux ou trois reflets, je soigne la mise en scène. Elle s'arrête et se tourne vers moi, je devine son inquiétude. J'allume. Je m'avance doucement, je la regarde contempler le décor. Deux Mercedes 500 SEL rutilantes, même modèle, même gris foncé, côte à côte comme deux sœurs siamoises. Quatre portes et 300 chevaux, de quoi filer à 250 km/h le coffre chargé d'or.

Les deux voitures affichent un numéro d'immatriculation identique. Elle s'approche. Je souris en la regardant faire. Elle contourne la première, sa main frôle un bas de caisse éraflé, elle constate que la deuxième comporte la même rayure. Elle a une mimique étrange, comme une scientifique en pleine analyse, le sourcil froncé mais l'œil amusé. Elle remarque aussi l'éclat minime sur un des phares. Elle va voir l'autre et vérifie la concordance. Elle marche lentement, intriguée, elle se penche vers l'intérieur en mettant sa main en visière, elle compare l'usure des sièges, les deux brûlures de cigarette sur les moquettes côté chauffeur.

Elle relève les yeux vers moi, j'ai les mains dans les poches.

— Elles ne sont pas fermées, allez-y.

Elle ouvre une portière, puis la seconde, elle voit que les compteurs affichent le même kilométrage. Elle avoue sa surprise d'un hochement de tête. Elle a du style.

— Je les ai achetées neuves il y a dix ans en arrivant ici, dis-je. Personne ne sait que j'en possède deux. La première vient d'une concession parisienne. La deuxième, de Strasbourg, achetée sous un nom d'emprunt. Je les ai fait venir à plusieurs jours d'intervalle et déclaré la perte de mes papiers peu après. J'ai deux cartes grises identiques.

Ça lui plaît. Elle boit mes paroles en plissant légèrement les yeux, elle tente de saisir la subtilité du stratagème avant que je ne la lui dévoile. Je lui souris à mon tour, je fais mine de conclure.

— Voilà. Dans un sens, je n'ai qu'une seule voiture.

— Et la police ne sait pas dans laquelle s'enfuient les billets de banque, dit-elle comme une évidence. J'ai déjà vu le cas à Lyon dans les années quatre-vingt. Ça n'a pas tenu une heure.

— Vous avez quel âge ?

— J'étais jeune, admet-elle. J'ai trente-sept ans. Pourquoi ?

Sauf que, pour moi, cela aurait tenu plus d'une heure. J'avais tout mis au point, c'était millimétré, j'avais même trouvé l'équipe. Les deux voitures n'étaient qu'une des pièces du puzzle. La bijouterie Van Hoppel ne saura jamais à quoi elle a échappé voilà bientôt dix ans. À l'heure qu'il est, eux et la police continueraient de s'arracher les cheveux sans rien comprendre.

— Vous avez sous les yeux les préparatifs d'un coup magnifique qui aurait été le dernier de ma carrière. Et que je n'ai pas mené à terme. Vous avez tous les plans d'une villa que j'ai refusé de construire *in extremis*.

Il y avait une troisième Mercedes. Elle appartenait à un gros promoteur de la Côte. La même, point par point.

D'abord, lui voler sa voiture, la veille du coup, et la planquer dans un hangar.

Le jour du casse, se présenter devant la bijouterie dans une des deux miennes, munie de ses plaques à lui. Braquer le personnel, couper les alarmes, se faire ouvrir le coffre. Charger le butin et déguerpir.

Au même moment, ma deuxième Mercedes fonce sur une nationale autour de Rennes, après avoir vérifié qu'un radar s'y trouve. Mon double se fait flasher, arrêter, verbaliser, avec ma carte grise et un faux permis à mon nom. C'est en le croisant quelques mois plus tôt que j'avais eu l'idée. Vendeur dans une maroquinerie près de Belfort, mon sosie presque parfait. Nous étions tombés nez à nez quelques mois plus tôt, c'était saisissant. Les perspectives qu'offrait la rencontre de ce jumeau m'avaient semblé trop belles pour ne pas en profiter, j'avais tout mis sur pied. Je l'avais observé quelques jours, il avait mon allure et menait une gentille existence de père de famille, le même regard et un petit salaire, moi côté vie banale. J'étais retourné le voir et lui avais parlé sans rien lui dire. Moyennant cinquante mille francs, il était tout disposé à se prendre une amende à ma place.

Gagner un parking avec la voiture pleine de diamants, lui remettre ses plaques d'origine, larguer les coéquipiers et rouler vers la Suisse comme un conducteur prudent. Au moindre contrôle, présenter les papiers. La police a fait tous les rapprochements, ils cherchent celle du promoteur et constatent que la mienne est en règle. Ils ont peut-être même déjà été avertis que j'étais aux prises avec leurs collègues pour excès de vitesse au moment du braquage. Ils me laissent repartir.

— Sans fouiller la voiture ?

— Si, bien sûr. Mais les diamants ne s'y trouvent pas. Ils sont restés dans le parking.

— Pourquoi aller en Suisse, alors ?

— Justement, dis-je. C'est toute la finesse. Toute l'intelligence est là. Faire exactement comme si j'avais commis ce hold-up, me mettre en pleine lumière. Ne pas brouiller les pistes, au contraire. Tout faire pour que l'on me soupçonne en trois minutes, vu mon pedigree. Faire un coup avec sa propre voiture, vous imaginez ?

— Pas bien, non.

— Voilà. C'est impossible. Surtout de la part d'un professionnel tel que moi. C'est une erreur de débutant, et encore. Ça ne peut pas être moi. Preuve supplémentaire, au moment du casse, je roulais trop vite sur une nationale.

Elle réfléchit, elle comprend. Le schéma la charme. Sa main bat la mesure.

— Vous volez la voiture du promoteur simplement pour faire croire que c'est celle-là qui a servi au hold-up, répète-t-elle. Vous attirez d'office les regards sur vous. En pleine lumière. Vous êtes le suspect numéro un. Vous passez même la frontière suisse, comme si vous vouliez revendre les pierres ou les cacher. On contrôle toutes les grosses Mercedes, celle-là vous appartient, on l'inspecte quand même, sans rien trouver. Premier suspecté, premier disculpé.

Elle me regarde à nouveau.

— Et pourquoi ne pas être passé à l'acte ?

Je soupire. Je ne sais pas quoi répondre. Lui dire que je ne sais pas ? Lui avouer que je n'ai pas osé, que j'ai eu peur ? Que mes huit ans passés à l'ombre m'avaient fissuré ? Couper court à ses questions ? Je prends mon air las, un sourire serein.

— Une semaine avant l'opération, le promoteur a fait un tonneau sur une route de campagne. Plus de voiture. Il fallait tout recommencer, cela devenait compliqué. J'en suis resté là.

Elle a presque l'air de le regretter. Elle se tourne à nouveau vers les berlines, elle les embrasse du regard. Je suis dans son dos, je lui dis que je les maintiens depuis dans une totale ressemblance. Par nostalgie, peut-être, pour ce coup d'éclat que je n'ai pas commis. Et puis on ne sait jamais, ça pourrait encore servir.

✳

L'après-midi se déroule doucement. Nous sommes remontés prendre un café. Nous faisons petit à petit connaissance, elle s'est détendue. Mes histoires l'enthousiasment et son sourire m'inspire. Nous sommes toujours dans la cuisine, j'ai fumé plusieurs cigarettes. Pas elle, elle ne fume pas. Elle ne m'a pas reparlé de Costano. Je lui parle de moi.

Elle ne prend aucune note, elle ne m'enregistre pas. Une mémoire à toute épreuve, peut-être. Ou bien préfère-t-elle se laisser bercer. De mon côté, il me faut bien admettre que l'intérêt qu'elle me porte ne me déplaît pas. Je suis même assez flatté qu'une telle référence journalistique se penche ainsi sur mon parcours. Il y a de quoi faire, c'est vrai.

Je la promène dans mes aventures, elle en connaît certaines, elle en ignore la plupart. Elle croit que je lui montre la face cachée de la Lune. Je reste distant, malgré tout le romanesque dont j'enrobe mes phrases. Je lui parle de flingues, de valises de billets. Tout à l'heure, son œil luisait comme celui d'une gamine.

— D'ailleurs, lui dis-je, vous savez ce que c'est qu'être bon dans ce qu'on fait ?

Elle avoue son ignorance.

— Être bon dans ce que l'on fait, c'est connaître personnellement ceux qui sont meilleurs que vous. C'est ça, être bon.

— Et vous ?

— Moi, je suis vieux.

J'ai été bon. Mais l'étau s'est resserré, mes techniques n'ont plus cours.

— C'est parce que j'étais bon que je suis vieux. Les mauvais meurent plus jeunes.

À mon époque, il suffisait d'un flingue et d'un peu d'audace, une voiture rapide et le tour était joué. Maintenant, il n'est plus question de laisser traîner un cheveu ou un mégot sur les lieux, cracher revient à déposer sa carte d'identité sur le sol, plus possible de téléphoner sans être pisté, suivi à la trace. Pour le moment, pour être fiché, il faut s'être déjà fait prendre mais ce sera de pire en pire. Bientôt ce sera dès la nursery, les fichiers seront mondiaux, aucune issue pour personne. Sans parler des satellites, avec lesquels on nous épate en nous montrant des photos de plus en plus précises. Pour le moment, on nous permet de regarder nos maisons vues du ciel sur Internet. En zoomant, on peut même distinguer nos voitures. Bientôt, on ne bougera plus le petit doigt sans qu'à l'autre bout de la fibre optique, un type en uniforme ne soit en mesure de relayer l'information. Pour le moment, on parle encore un peu d'éthique. La seule avance que les truands aient encore, c'est qu'ils ont toujours eu un peu moins d'éthique et de scrupules que la police. Mais bientôt, ce sera fini. Il faudra trouver autre chose.

Finalement, je crois que c'est Paco qui avait raison. Il y a quarante ans, il ne laissait déjà rien traîner nulle part. Personne n'avait encore jamais entendu parler d'ADN mais il prenait ses précautions, il sentait le vent se lever. Pour lui, par exemple, les animaux domestiques étaient des témoins comme les autres. En cas de problème, il fallait les abattre. On ne sait jamais, disait-il, on réussira peut-être à les faire parler un jour. Cela nous faisait rire. On le disait paranoïaque, il était juste très en avance. En 1985, dans le Calvados, je leur avais raconté comment j'avais crevé les yeux d'un type plutôt que de le tuer.

— Il ne sait pas qui je suis, avais-je dit, il ne pourra plus m'identifier.

— Sauf dans vingt ans, quand il se fera greffer des yeux, avait-il tranché.

On est en 2009, la première greffe des yeux n'a toujours pas été réalisée. Les progrès de la science ne m'ont toujours pas rattrapé. Mon aveugle est peut-être mort sans avoir jamais réussi à décrire les images qu'il avait dans la tête. Si je devais me relancer dans le métier aujourd'hui, je ne sais pas comment je m'y prendrais. Même mon coup des Mercedes ne serait plus possible avec les voitures actuelles. Leurs GPS hurleraient ma position, des puces antivol, des codes ou je ne sais quoi d'autre. Ma grande époque a pris fin.

Je la regarde, je repense à son article, dans lequel elle parlait de ma prestance. J'ai encore de l'allure. J'ai gravi toutes les marches. Champion à la retraite.

J'ai mis la table pour nous deux, elle me propose une de ses boîtes, je décline gentiment. Elle est mon invitée. J'ouvre une bouteille de vin mais elle ne boit pas d'alcool, je m'en verse un verre et nous nous asseyons. La nuit tombe sur nos échanges. Je me surprends même à lui sourire une ou deux fois spontanément. Elle se sent bien. Elle finit sa pêche et s'essuie les doigts dans sa serviette.

— Quand j'étais petit, je voulais prendre le train pour l'Amérique du Sud.

— Pardon ?

— Ne riez pas, c'est sérieux. Vous le savez sans doute, je suis arrivé à Paris à sept ans mais je suis né ici, à Rennes. Nous habitions près de la gare, j'ai fait ma maternelle à l'école Laënnec, de l'autre côté des voies. J'y allais à pied, tout seul comme un grand. Je passais sous le pont de Nantes.

Elle m'écoute en silence.

— Et tous les matins, sous le pont de Nantes, j'entendais un train démarrer. Je croyais qu'il allait en Amérique du Sud, terminus, je ne sais pas pourquoi. Je rêvais de le prendre. Tous les matins, je pleurais en l'entendant partir.

Elle s'attendrit, je nuance.

— Ça ne s'est peut-être pas produit tous les matins, bien sûr, mais vous savez ce que c'est, le souvenir travestit la réalité. Une jolie femme se transforme en une déesse de l'amour, un petit chagrin devient une douleur effroyable. J'arrivais à l'école en pleurant, j'étais inconsolable.

Je me redresse sur ma chaise. Elle me fixe droit dans les yeux. Je parle doucement.

— J'ai fini par le prendre.

— Ah bon ? !

— Des années plus tard. J'ai bouclé la boucle, j'ai fait le voyage de mon enfance. J'avais dix-neuf ans et seulement quelques petits larcins à mon actif. Je suis venu à Rennes, j'ai attendu sur le quai que l'omnibus m'emmène. Départ 8 h 14. Destination l'Amérique du Sud.

Elle est suspendue à mes lèvres. Elle est comme les autres.

— Je ne sais pas ce qu'aurait été ma vie si je n'avais pas pris ce train, si je n'avais pas voulu aller au bout de mon rêve. Ç'aurait peut-être été très différent, je ne sais pas. Le terminus s'appelait Laval, deux heures plus tard. Là-bas, j'ai braqué un bar-tabac, blessé au couteau trois clients et fait deux ans de prison.

— Bravo, soupire-t-elle.

Son ironie, son petit rictus dans le vague, je sursaute.

— Pourquoi bravo ? Vous trouvez que c'est du gâchis, c'est ça ? Bravo pour la violence, les innocents tailladés ? Le coup foireux, minable ?

— Je parlais de vos talents de conteur, corrige-t-elle en souriant.

Il est tard. Il ne reste qu'un fond dans la bouteille de vin. Elle a terminé son thé. Je m'allume une dernière cigarette. Ce qui est sûr, c'est que je ne lui fais plus peur. Nous montons, nous nous souhaitons bonne nuit sans nous approcher.

Une fois au lit, je repense à la journée que je viens de vivre et aux frissons que j'ai eus ce matin en ouvrant son enveloppe, les sueurs froides. Cette nana est incroyable. Un livre.

Elle est couchée dans la pièce d'à côté.

✳

Je n'arrive pas à fermer l'œil. Je me retourne dans mes draps. La photo qu'elle m'a envoyée m'obsède. Je veux bien lui raconter ma vie, deux ou trois choses inavouables, lui en mettre sous la dent pour sa biographie, peaufiner mon personnage.

Mais elle en voudra plus. Elle va gratter. Comment a-t-elle pu nous reconnaître ? Comment a-t-elle pu aller chercher aussi loin, et trouver ?

Nos cinq visages entourés d'un cercle rouge parmi tous les autres, la seule photo prise de nous ensemble. Parmi trente garçons, trente adolescents tous en blouse grise et fixant l'objectif. Une photo jaunie. Nous avons seize ans. Nous ne sommes que des copains de classe. Albert et Jean sont côte à côte, par hasard sans doute. Oscar est au premier rang. Déjà. Je suis derrière, sur la droite. Paco est en troisième ligne, au centre. Deuxième année de brevet de mécanique générale, lycée Malherbe, Montreuil, 1961. C'est écrit sur une ardoise posée au sol. Aucun de nous cinq ne sera mécanicien mais nous ne le savons pas encore.

Comment, presque cinquante ans plus tard, cette fille a-t-elle pu mettre la main sur cette relique ? Comment a-t-elle pu en conclure que c'est nous qui avons, dix ans après le flash du photographe, fait

trembler Costano et changé de vie pour de vrai ?
Comment a-t-elle fait ?

J'enrage de m'être laissé piéger comme ça. Je veux savoir comment elle s'y est prise, quels chemins tortueux elle a pu parcourir pour en arriver à ces certitudes. Cet après-midi, elle s'est écartée quelques minutes, elle est allée dans le salon téléphoner au notaire, l'avertir que tout allait bien. J'ai tendu l'oreille au travers de la porte mais je n'ai rien entendu, je me suis pincé pour ne pas lui poser de question par la suite. Elle a blindé sa protection. Elle m'a du même coup installé une épée de Damoclès au-dessus de la tête. Je ne peux que me plier à ses exigences, tenter de gagner du temps. Je suis coincé tant que je n'aurai pas mis la main sur cette seconde enveloppe qui la couvre et m'accuse.

Après, on verra.

VII

Yvan

Je suis sorti de la gare, j'ai fait quelques pas timides sur le parvis au milieu des voyageurs. J'ai regardé autour de moi, je pensais à Gaëlle, qui était revenue ici sa valise à la main après m'avoir quitté. Je me suis dit qu'elle avait elle aussi traversé cette esplanade six ans plus tôt, sans moi. L'émotion m'a envahi. C'est ici qu'elle avait dû respirer, retrouver ses proches, continuer sa vie. J'ai avancé doucement, peut-être dans ses traces. Je me sentais étranger. J'avais l'impression d'être ici sans en avoir le droit, d'être un imposteur. Invisible et sur le devant de la scène à la fois.

J'ai avancé tout droit au hasard. J'ai pris une grande avenue sans savoir où aller, en essayant de me faire discret, de ne croiser le regard de personne. On ne sait jamais. Je me suis aventuré vers le centre en retenant mon souffle, m'enfonçant pas à pas dans la capitale de la Bretagne. J'en frissonnais d'avance.

J'ai failli m'arrêter, pleurer tout seul. J'ai aussi failli hurler, frapper le premier venu pour l'exemple. Je me suis contenu sans un mot, j'ai tenté d'ordonner les pensées qui se bousculaient sous mon crâne.

Je n'avais pu me concentrer durant le trajet. Un couple derrière moi n'avait pas cessé de parler de l'émission. La fille était déjà presque amoureuse de Zeub. Beau comme un dieu grec, répétait-elle. Le garçon ne portait pas Gaëlle dans son cœur. Trop bruyante, selon lui. Tous deux piaffaient néanmoins d'impatience de l'entendre déclamer ses fameuses lettres d'amour. Je m'étais pincé pour ne pas les faire taire.

Je suis entré dans un tabac, j'ai acheté un plan de la ville en dissimulant ma liasse. Une fois dehors, j'ai fébrilement consulté l'index, puis les cadres, j'ai tracé mon chemin jusqu'au quai Laclavetine. Le 126 quai Laclavetine qui m'a tant obsédé.

Je suis en face, sur le quai opposé. Il fait bientôt nuit. Les clients vont et viennent, j'essaye de ne pas attirer l'attention, je me fonds tant bien que mal dans le décor et l'ambiance. Je trépigne mais commence à me détendre. Quand je suis entré dans ce bar, j'ai eu l'impression de sauter du grand plongeoir, de mettre les deux pieds dans le plat. Façade en granit, enseigne *Le Dolmen*, j'ai failli repartir. Je me suis avancé doucement vers le comptoir au milieu de quelques personnes qui ne m'ont pas regardé, j'ai vu le patron, une espèce de balèze nourri à la pâtes à crêpes depuis ses premiers gazouillis. J'ai bredouillé ma commande, surpris d'être entendu, et suis allé m'asseoir en retenant mon souffle. Il y a des grandes tables en bois, des bancs de chaque côté. Et puis la bière est belge.

Au départ, je n'ai pas arrêté de regarder les maisons en face. Il y en a une quinzaine, mignonnes au bord de l'eau, séparées par des haies bien taillées. Il y a aussi quelques péniches habitées sur la rivière. L'endroit a l'air calme, un coin résidentiel à deux pas du centre. Et parmi ces maisons, celle des parents de Gaëlle et mes lettres d'amour. Sa chambre d'alors, sa vie d'il y a six ans, son insouciance et mon malheur. Elle m'avait juste dit, à l'époque, qu'elle habitait au bord de l'eau. J'ai imaginé des tas de choses, je l'ai vue des milliers de fois devant une rivière, un lac, la mer, sans moi. À présent, tous mes rêves s'interrompent et mon cauchemar va prendre fin. Je regarde la maison d'ici, la vraie. Je pourrais presque la toucher du doigt. Bientôt, je serai même à l'intérieur.

Ça s'est rempli petit à petit. Il y a du bruit, pas mal de monde. J'ai eu des voisins tout à l'heure, la serveuse m'a demandé si ça ne me dérangeait pas, j'ai fait signe que non. Depuis, j'en ai eu plusieurs. Certains clients sortent fumer, d'autres retournent au bar commander, tout le monde se parle, la musique enrobe l'ensemble. Si je n'avais pas le 126 quai Laclavetine en ligne de mire, je trouverais sans doute que l'ambiance est conviviale ou que la serveuse est jolie. Je lui laisse un pourboire à chaque verre. Il y a des gens de tous les âges, ça discute, ça rigole. Moi, je suis là pour autre chose.

J'ai pris plusieurs bières sans avoir vraiment soif, plutôt par habitude. Au mur, parmi tous les tableaux, les posters et les réclames, il y a une télé, un grand écran plat qui me serre soudain le cœur et les phalanges, un bloc de technologie gris acier au milieu de cette jolie brocante. Le son est coupé et des images s'offrent dans l'indifférence. J'ai la main molle autour de mon verre froid, tout aux souvenirs qui me sautent une fois de plus au visage sans que personne s'en doute.

Elle est encore là, sur l'écran, elle et ses colocataires jouent à je-ne-sais-quoi, elle rit, elle s'amuse. Je suis sourd au tumulte qui m'entoure, face à mon vieil amour, je ne vois plus qu'elle et son sourire, son arrogance et ma solitude, impudique, insolente, exhibitionniste et cruelle. Gaëlle, heureuse, radieuse comme il y a six ans. Pour toi, j'aurais fait n'importe quoi.

— D'ailleurs, c'est ce que je vais bientôt faire, j'ai murmuré.

Personne n'a entendu. Un gars m'a vu remuer les lèvres tout seul, nos regards se sont croisés, il m'a souri et a continué sa discussion avec une fille. Je les ai regardés quelques instants. Dans le poste, la coupure publicitaire a interrompu mon tête-à-tête, la serveuse est venue changer de chaîne, elle a mis les clips. Elle s'est arrêtée devant moi en regagnant le comptoir.

— Tout va bien ? m'a-t-elle souri.

J'ai failli lui dire que j'avais le cœur en berne, que j'étais venu ici pour commettre un cambriolage, que j'allais sans doute me battre à la fermeture. J'ai aussi failli lui dire qu'elle était jolie, ajouter que le cœur n'était pas un organe vital et lui demander son prénom. Je n'ai rien répondu. Je lui ai fait un signe de la tête en tentant de paraître le plus doux possible. Je l'ai regardée s'éloigner, j'ai porté le verre à mes lèvres. Une fois derrière le bar, elle m'a encore souri. Je me suis levé pour prendre une nouvelle bière, la huitième. Je trouve malgré tout quelque charme à cette Bretagne de merde.

Elle s'appelle Marine. On est chez elle. Je n'en reviens pas. À la fermeture, finalement, je ne me suis battu avec personne. Je suis juste sorti dans le calme, au milieu de tous ces Bretons et au moins aussi saoul que la plupart d'entre eux. Je n'ai même pas pensé à regarder si les fenêtres luisaient encore de l'autre côté de la rivière. Je n'ai fait que l'attendre, comme elle me l'avait proposé, appuyé contre la façade.

Nous avons marché jusqu'à son appartement. Elle m'a dit que j'étais habillé comme un serveur, ça la faisait rire. Elle habite un petit deux-pièces dans une rue piétonne, au-dessus d'une solderie. Je me demande si elle ramène souvent des clients chez elle mais je n'ai pas osé lui poser la question. Je préfère croire en mon charme. L'air frais et la marche m'ont fait du bien, je suis capable de ne pas m'écrouler dans le canapé.

Nous sommes assis côte à côte, elle prépare un joint sur la table basse. Je redoute un peu ma réaction mais je suis en pleine aventure. Je travaille sans filet depuis ce matin, Dieu sait ce que ce pétard me réserve. Et puis je suis un dur, déjà en cavale, même si je n'ai encore rien fait d'autre que m'enfiler quinze bières en tout anonymat. Demain, repérage. Après-demain, peaufinage. Après après-demain, action. Cambriolage. Il n'est peut-être pas très prudent de m'être fait inviter ici, elle pourrait témoigner de ma présence. Mais après tout, dans les histoires de voyous, les filles faciles font partie du décor. Et puis elle est tellement belle. Et puis je suis ivre mort.

Elle travaille au Dolmen depuis deux ans. Elle vient de Saint-Malo. Je ne lui ai pas dit où j'habitais. Elle a mis un disque, je ne connais pas. Elle est très jolie. Un peu rousse, les yeux bleu foncé dans la faible lumière. Tout à l'heure, elle m'a touché la cuisse.

Je ne suis pas très en mesure de parler mais je veux continuer de lui plaire, je lui fais quelques sourires, qu'elle me rend. C'est incroyable. Depuis six ans, je me débats dans le vide en cherchant la sortie. Il faut que je décide de venir en personne quai Laclavetine pour retomber sur mes pieds. Je suis là, clandestin, chez une fille adorable et superbe, qui me frôle comme si tout était normal, comme si c'était la vie de tout le monde. Elle ne peut pas savoir le bien qu'elle me fait. J'ai l'impression de renaître soudainement, de me réveiller en sursaut pour atterrir dans un rêve, c'est tout simple et c'est magique. Je tire une grande bouffée sur le joint qu'elle me tend, elle m'avertit qu'il est costaud mais je ne crains plus rien ni personne depuis ce midi, et encore moins depuis que nous sommes chez elle. La pause est terminée. Je tousse, les yeux exorbités, elle rigole et moi aussi mais la vague m'envahit déjà.

Nous nous le passons plusieurs fois, je cligne des yeux comme un sale gosse pris en faute. Rien à voir avec ce que je fume d'ordinaire. J'ai l'impression de remuer dans tous les sens mais je suis immobile, c'est la bousculade à l'intérieur. Je crois que ma tête vacille mais elle trouve ma bouche avec douceur, je sens mon cœur battre dans toutes les parties de mon corps. Mes veines qui palpitent et ses cheveux dans mon cou. C'est l'hystérie silencieuse. Je suis une caresse à moi tout seul, j'irradie, tournée générale. Je suis tendre et pourtant puissant, lourd comme jamais et pourtant si léger. Elle passe ses mains sur mon torse, mon visage, mes épaules, d'incroyables sensations que nous partageons jusqu'à sa chambre incandescente sans que je réalise rien.

— Ça va ?

Je m'allonge sur le lit pour toute réponse, les bras en croix, offert et sensuel jusqu'au bout des ongles. Je dors peut-être déjà.

— T'en fais pas, y a de la longueur de corde. T'es loin d'avoir déroulé toute la bobine.

Je souffle. Je suis en apesanteur. Ça la fait rire, son regard est pélagique et me donne le vertige, elle est sublime. Elle me rejoint doucement, je la serre par la taille sans plus sentir mes membres, je passe mes mains sur tout son corps. Je n'entends plus rien que sa respiration brûlante au creux de mon oreille grande ouverte, son parfum qui m'imprègne et son corps qui m'entoure. Mon cœur s'accélère, la dilatation de ses pupilles me fascine, nous nous enlaçons de plus en plus fort et la tête me tourne.

Je transpire bientôt comme jamais, nos deux corps nus s'émeuvent, je suis en pleine tourmente. Je ruisselle, plus sûr de rien, j'ai froid, puis chaud. Je m'agite en tentant de me raccrocher aux branches, je sauve le principal, je grelotte et j'ai soif, en plein olympisme, je ne sais plus où j'ai mal, je sursaute, éreinté, démoli, je dérape et lâche prise.

— Ça va ? Ça va, tu m'entends ?

Impossible de lui répondre sans risquer de vomir partout. Impossible de bouger le petit doigt sans craindre la même chose. Même cligner des yeux me demande un effort incroyable. Elle me cale dans un oreiller, elle me demande encore comment je me sens, j'émets une sorte de grognement. Je n'ai jamais rien connu de pareil, je suis momifié, incapable du moindre geste ou de la moindre parole, défoncé pour le compte. Chapeau bas. Je ne sais pas encore si c'est horrible ou fabuleux.

Je crois que c'est horrible.

VIII

Yvan

J'ai émergé tard. J'ai ouvert les yeux, au chaud sous la couette. Marine était déjà debout, un bruit de fond me parvenait depuis la pièce voisine. J'ai regardé autour, mes vêtements par terre, un poster du Tower Bridge à côté de la fenêtre.

Je me suis levé, timide, j'ai passé la tête dans le couloir, elle m'a vu depuis le salon et m'a souri, m'a proposé un café. Je l'ai rejointe. Je n'avais que peu de souvenirs de la soirée d'hier.

— C'était très bien, m'a-t-elle dit d'entrée comme pour me rassurer.

J'avais mal partout. La télé était allumée, la bande-annonce de *People Story*. Pris à la gorge dès le réveil. J'ai failli retourner au lit. Elle m'a tendu une tasse.

— Merci. Tu commences à quelle heure ?

— Cet après-midi, à 15 heures. J'ai le temps. Et toi, tu travailles quelque part ?

Je me rappelle soudain le rôle que je me suis défini hier en sortant de la gare : ne rien dire à personne, ne pas parler, ne pas croiser un regard. Un peu tard pour suivre à la lettre toutes ces directives. D'autant que, dès le premier soir, un bar entier m'a vu tituber sur le trottoir. J'ai même, pour rester le plus discret du monde, carrément failli crever chez la serveuse après lui avoir mal fait l'amour. Une chance qu'elle n'ait pas paniqué en me voyant dans cet état. Elle aurait appelé les pompiers, j'aurais passé ma première nuit rennaise à l'hôpital et mon premier matin au commissariat pour consommation de drogue. De quoi finir dans les annales des plus beaux coups foirés. Mais non, elle m'a laissé dormir. Elle doit avoir l'habitude. Mais maintenant, il va me falloir noyer le poisson, lui raconter n'importe quoi pour ne pas lui en dire plus et paraître normal. Pas facile. J'ai mal partout.

— J'écris.

Pourquoi est-ce que je lui ai dit ça ? Pourquoi, de tous les métiers possibles, ai-je choisi le plus improbable ? Qu'est-ce qui m'a pris ? Qu'est-ce que je vais pouvoir lui dire de plus ?

— J'ai pris un congé sabbatique. J'écris un roman d'amour.

— Et hier soir, tu travaillais sur quoi ?, me demande-t-elle dans un sourire.

— Hier soir, je me suis dit que tu avais un regard pélagique.

Je ne sais pas d'où je sors ce mot. Je ne l'ai jamais employé avant, je ne le trouve même pas très joli.

— Ça veut dire abyssal, dis-je.

Ça l'amuse. Je crois qu'elle ne gobe rien de ce que je lui raconte mais ça n'est pas grave. Elle découpe une mangue en lamelles dans une grande assiette plate. Elle n'a pas l'impression que je lui mens. Elle passe à autre chose et nous ressert une tasse, mes yeux frôlent à nouveau Gaëlle dans l'écran, une deuxième bande-annonce. Puis nous allons prendre notre première douche ensemble. J'aime bien cette fille.

*

Je ne l'ai pas accompagnée au bar, j'ai préféré que nous nous séparions en bas de chez elle. Elle m'a proposé un double de sa clé, j'ai refusé. Je me suis étonné qu'elle me fasse autant confiance. Je me suis aussi demandé combien de doubles circulaient en ville. Elle m'a donné son numéro et m'a demandé le mien, j'ai dit que je n'en avais pas. De toute façon, j'ai laissé mon portable à Rouen. Je suis injoignable, et surtout bien caché. Personne ne peut savoir que je suis ici, pas même mon banquier : aucun retrait, aucun appel, aucune trace, ma liasse me tient chaud à la cuisse.

Puis j'ai démarré. J'ai traversé la rivière, j'ai posé le pied quai Laclavetine comme sur un parquet glissant. Je me suis approché des maisons, à peu de choses près toutes les mêmes. Des gros murs de pierre, un petit jardin devant. La rue limitée à 30, un trottoir donnant sur l'eau.

J'ai trouvé le 126, j'ai scruté chacune des fenêtres en me demandant laquelle pouvait abriter mes lettres, les mains dans les poches et la mâchoire serrée. J'ai continué jusqu'au bout sans me retourner de peur d'être vu. Gaëlle, à l'époque, avait peut-être montré des photos à ses parents, mon visage pouvait ne pas leur être inconnu.

J'ai tourné au coin et suis repassé le long des maisons par l'arrière, le souffle court. Elles donnaient toutes sur une seconde rue, de grands garages et des ouvertures plus petites, moins de passage de ce côté-là, sans doute. J'ai décidé sans ralentir que j'emprunterais cette voie demain.

J'ai continué mon chemin et ai gagné le centre-ville. Inutile de m'attarder. Et puis j'avais peur. J'ai commencé par m'habiller de neuf dans un grand magasin. Trouver ma tenue de cambrioleur. Pantalon et pull noir. J'ai aussi pris une chemise bleu turquoise, au cas où j'inviterais Marine au restaurant avant de repartir.

Ensuite, je suis allé boire un café pour tenter de mettre au point mon plan. J'ai demandé un papier et un stylo et me suis assis à une table à l'écart. Je ne connaissais rien à tout ça, je partais de zéro. Je n'avais qu'une adresse et une volonté d'acier. J'ai réfléchi longtemps en tentant de me calmer.

Au final, sans rien avoir écrit, j'avais toutes les étapes. Primo, appeler les parents de Gaëlle pour s'assurer qu'ils ne sont pas là. Deuzio, s'ils sont absents, passer par-derrière pour ne pas être vu, forcer la porte du garage. Rentrer, trouver la chambre, puis les lettres, et détaler. Voilà le plan. Je ne vois pas ce qui peut se mettre en travers. Au pire, un système d'alarme mais je ne pense pas. Le quartier n'a pas l'air dangereux. Les maisons n'ont pas non plus l'air de résidences pour milliardaires. Un chien ? Je ne crois pas, vu l'absence d'un grand jardin. Je prendrai quand même une bombe lacrymogène, de quoi occire un éventuel clébard.

Il me faut juste un pied-de-biche pour ouvrir le garage, une lampe torche pour aller de pièce en pièce, un petit sac à dos pour y fourrer les lettres.

J'ai pensé à voler aussi toutes sortes d'objets au hasard pour faire croire à un réel cambriolage, mais c'est inutile. La disparition des lettres attirera de toute façon l'attention sur son auteur, moi. On me soupçonnera tôt ou tard mais j'ai trouvé la parade : récupérer les lettres, et toutes les brûler. Voilà. J'ai volé les lettres ? Où sont-elles ? Pas de réponse, plus de lettres, plus de problème. Fin de l'histoire. Cette nuit, dans mon délire, je crois que j'ai songé à faire flamber la baraque intégralement mais ça n'est pas raisonnable. Il me faut aussi des gants pour ne laisser aucune empreinte.

J'ai encore quelques courses à faire. Il faut également que je trouve le numéro dans l'annuaire. S'ils sont sur liste rouge, je vais devoir m'y prendre autrement. Ça ne m'effraie pas, j'en ai sous le pied.

Je risque la prison mais je n'ai pas le moindre doute. Je vais aller jusqu'au bout. Elle ne lira pas mes lettres en public, elle ne se foutra pas de moi plus longtemps. Notre amour est mort mais ça n'est pas une raison. Ces lettres ne lui appartiennent d'ailleurs plus vraiment puisqu'elles étaient destinées à Gaëlle. Et Gaëlle s'est éteinte, elle aussi. Dans *People Story*, elle s'appelle Maeva.

IX

Jacques

Mon pote le facteur vient de passer. Je fume. J'ai très peu dormi, j'ai retourné la situation dans tous les sens, j'ai tout envisagé. Elle s'est levée tôt, je l'ai entendue depuis mon lit. Elle est allée se doucher, je me suis faufilé dans sa chambre, j'ai pris son téléphone sur la table de chevet, j'ai consulté l'historique de ses appels. Vide. Dans son répertoire, pas de *notaire* ou de *maître Untel*. Impossible de savoir lequel de ces numéros peut me mener jusqu'à lui. L'enveloppe est quelque part au chaud dans la nature. J'ai vu son ordinateur mais je ne l'ai pas allumé, pas le temps.

Au milieu de la nuit, j'ai pensé à prendre la tangente, disparaître. Aller me planquer plus loin, repartir en cavale, recommencer ma vie ailleurs, loin d'elle et de ses preuves. Mais ça ne tient pas. Ma fuite ne ferait que confirmer son intuition. Elle écrirait de toute façon son livre, l'histoire serait dévoilée que je parle ou non. Elle a fait trop de recherches pour arrêter là.

Je rentre, je me ressers un café. Elle arrive sur mes pas, elle me regarde faire. Je lui en propose une tasse, elle refuse. Je lui envoie un sourire, elle ne réagit pas vraiment.

— Vous avez bien dormi ?, lui dis-je.

Elle esquive. Elle a l'air douce mais déterminée.

— Je crois que nous devons faire une petite mise au point, dit-elle calmement. J'ai passé une excellente journée hier, c'était très intéressant.

J'aimerais me dire qu'elle est sous le charme et qu'elle souhaite fixer quelques limites mais je crains que ce ne soit autre chose.

— Je ne sais pas ce que vous vous êtes dit en me racontant tout ça, si vous aviez ou non une idée, un plan. Ce qu'il faut que vous sachiez, c'est que je suis journaliste. Pas policier. Je ne vous accuse de rien, je veux juste connaître la vérité. Sans la juger. Il est inutile d'essayer de me perdre en chemin ou tenter de me faire tourner la tête.

Elle marque une pause, un petit sourire passe sur son visage.

— C'est très touchant mais inutile.

Je ravale ma salive.

— Ce qu'il faut que vous sachiez, surtout, c'est que ce n'est pas sur vous que j'écris. Vous n'êtes pas le sujet de mon travail.

Elle semble hésiter, choisir ses mots.

— J'écris un livre sur Oscar Rosenbaum.

— Pardon ?

Je dissimule, je feins de n'être que surpris mais cette révélation me touche en plein cœur.

— Je ne le connais pas, je tranche.

Elle tire une chaise et s'assoit. Je reste debout. Elle prend un air doux qui m'exaspère.

72

— Écoutez : j'ai pris de gros risques en m'invitant ainsi chez vous. Ça n'est pas ma manière de faire, d'ordinaire. Je sais les dangers que vous et vos amis courez si l'histoire du tableau éclate au grand jour. Mais rendez-vous compte que cette menace devient également la mienne. Si j'en dis trop, je deviens, comme vous, une cible pour Costano. Quand je vous demande de me raconter, je me mets à mon tour dans une situation très périlleuse.

— Et alors ?

— Alors c'est la garantie que j'ai à vous offrir. Si vous me racontez l'histoire, je partage du même coup votre clandestinité. Je deviens une cible à mon tour. Si vous me racontez l'histoire, vous pouvez être sûr que je ne la divulguerai pas sans prendre de multiples précautions. En me protégeant, je vous couvre vous aussi.

J'entends ce qu'elle me dit. Je porte la tasse à ma bouche, elle me désigne une chaise. Je fais non de la tête.

— Pourquoi vous intéressez-vous à Oscar ?

— C'était un personnage hors norme.

Elle lève les yeux vers moi.

— Vous aussi bien sûr, tempère-t-elle. J'espère d'ailleurs que vous ne m'en voulez pas de m'intéresser plus à son parcours qu'au vôtre.

Je ne réagis pas.

— Oscar Rosenbaum a volé et vendu des œuvres d'art dans le monde entier, reprend-elle. Il a dilapidé des fortunes, escroqué les plus grands, vous savez tout cela. Pour sa seule extravagance, il mériterait que l'on se penche sur son histoire. Mais ce qui m'intéresse vraiment, c'est autre chose. J'appelle ça le funambulisme. Tous les truands en sont atteints, à des degrés divers. Toujours plus, toujours plus vite, plus fort, plus gros, plus brillant, plus risqué. Dans le fond, cela signifie « toujours plus près de la mort ». Il me semble que le funambulisme guidait chacun des pas d'Oscar Rosenbaum.

— Vous ne croyez pas si bien dire, je souffle. C'était un amateur, un inconscient. C'est moins poétique que « funambule » mais c'est la vérité.

— On dirait que vous lui en voulez.

Le chat entre doucement dans la cuisine. Il fait deux ou trois tours sur lui-même avant de s'allonger sous la table, la tête par terre.

— Je suppose qu'Oscar n'avait ni chien ni chat ? Il devait avoir un tigre ? Ou une panthère ?

Elle sourit.

— Vous ne m'avez pas répondu. Vous lui en voulez ?

— Comment avez-vous su que Costano s'était fait voler une toile ? je lâche.

Un frisson me parcourt la poitrine. Elle me regarde en face. Moi aussi. Ses yeux brillent. Je viens de tout déballer.

— Comment avez-vous mis la main sur cette photo ? Comment avez-vous su que c'était nous cinq qui avions fait le coup ?

*

C'est vrai, les journalistes ne sont pas des flics. Aucun flic ne peut aller chercher si loin. Même passionné, fou de travail, obsessionnel ou maniaque. Un flic ne peut pas passer toutes ses nuits dans la lumière d'une lampe de bureau sans devenir fou un matin ou un autre, déraper ou décrocher. Personne ne peut garder son calme aussi longtemps, recommencer encore et encore et encore, entrer si profondément dans tant de fausses pistes, tout examiner avec autant de patience et de minutie, reprendre de zéro tous les jours avec autant d'acharnement. Un flic ne peut pas faire ça. Vouloir combattre le mal, envoyer les truands en taule, ça ne suffit pas. Pour traquer ainsi la vérité, il faut vouloir comprendre, il faut être fasciné. Pour fouiller à ce point, il faut être amoureux.

Cette nuit, pendant mon insomnie, je me suis dit que cette fille n'était peut-être pas journaliste, qu'elle était peut-être une des nôtres, une aventurière qui voulait mettre la main sur mon or. Je me suis dit qu'elle n'était peut-être pas Chloé Lavigne, que j'étais sur le point de me faire avoir.

Mais je n'ai plus le moindre doute. Je ne sais pas d'où vient sa détermination mais elle est sincère. Un truand non plus n'a pas autant de patience. Nous sommes attablés dans la cuisine, elle est allée chercher son ordinateur, elle l'a allumé en me dissimulant son mot de passe, elle ne perd pas le nord. Elle m'a montré une photo. J'ai regardé sans distinguer grand-chose, un amas de ferraille battu par les flots.

— C'est une voiture, m'a-t-elle dit. Une Jaguar. Le cliché fait partie des archives de la police niçoise. C'est l'accident qui a coûté la vie à Oscar Rosenbaum.

Je me suis penché sur l'écran. On ne devinait rien d'autre qu'une roue qui dépassait, l'ensemble avait l'air d'un papier chiffonné, Oscar s'était fait broyer de toutes parts.

— Son corps était déchiqueté. Les analyses ont démontré qu'il n'avait ni bu ni consommé aucune drogue. On n'a rien trouvé de plus. On a conclu à une simple sortie de route après six mois d'enquête.

Elle a tourné ses yeux vers moi.

— C'est à ce moment-là que j'ai décidé de me pencher sur son parcours, a-t-elle continué.

— Vous suivez ses traces depuis huit ans ?

— Oui. C'est le temps qu'il m'a fallu pour reconstituer le puzzle, faire tous les recoupements. Et ça n'est pas fini.

Je n'en reviens pas. Tout ça pour un livre. Cette fille est un monstre de travail.

— Sa vie est un réel casse-tête. Bizarrement, aucune véritable œuvre d'art n'a été retrouvée chez lui, que ce soit à Bruxelles, à Cannes, Paris ou New York. Ce qui semblait surtout l'intéresser, c'était la frénésie des acheteurs. La capacité qu'ont certains à s'enthousiasmer tout entier devant une toile ou une sculpture et dépenser des millions. Pour du vent, en somme. Je crois que lui, voyait dans ce marché l'opportunité de gagner énormément d'argent.

— Vous trouvez ça surprenant ?

— Non, je veux bien l'admettre. Mais dans le cas d'Oscar Rosenbaum, il y a autre chose. Cet homme n'est guidé que par l'argent. Soit. Mais à côté de ça, Oscar Rosenbaum s'amuse, il est formidablement espiègle. C'est incompréhensible.

Elle ignore mon soupir. Elle promène sa souris sur l'écran, je vois apparaître une sorte de sculpture étrange, peut-être africaine. Elle est enthousiaste et tourne l'ordinateur vers moi.

— Regardez, c'est un pied de lampe en bronze, c'est un Giacometti.

— C'est très laid.

— Ça n'engage que vous. Mais ça n'est pas le problème.

Elle me regarde au fond des yeux et me désigne la photo du doigt. Je bois une gorgée de café, je veux paraître distant. Elle reprend, convaincante.

— L'histoire de cette sculpture est incroyable. Il y a une dizaine d'années, deux RMIstes du Mans trouvent un pied de lampe dans un dépôt-vente à la sortie de la ville. Ils l'achètent. Moins de 200 francs, à l'époque. En sortant, ils vont chez un ami antiquaire. L'antiquaire est également expert. Il inspecte l'objet sous toutes les coutures et finit par rendre son verdict : leur acquisition dépasse le cadre de ses compétences. Il les envoie chez un collègue parisien.

J'ai envie de lui couper la parole, lui dire que l'on connaît tous au moins une histoire similaire, le trésor à la vue de tout le monde depuis des années, des pampilles en diamant dans un lustre, un Renoir sous une vieille croûte. Je souris et la laisse poursuivre.

— Après deux ans d'expertise aux quatre coins du monde, le Giacometti a été adjugé pour trois millions et demi de francs à Drouot. Il faisait partie d'une série de trois. Les deux autres étaient connus, celui-ci était introuvable.

Ses yeux se plissent légèrement, elle parle un peu plus bas.

— La personne qui avait mis la sculpture en dépôt dans ce hangar du Mans et qui en avait demandé 200 francs…

— … n'a rien touché de plus, je la coupe. Et n'a jamais su à côté de quoi elle était passée. C'est cruel.

— Non, justement. Ce qu'il y a d'incroyable dans cette histoire, c'est que cette personne, c'était Oscar Rosenbaum.

— Hein ?

— Il avait signé le contrat de dépôt, s'emballe-t-elle. Nom, prénom, adresse, tout ! Il avait amené l'objet personnellement quelques semaines plus tôt, j'ai consulté le registre. C'était lui, le vendeur.

Elle affiche sa satisfaction face à mon étonnement. Je hoche la tête.

— Vous aussi, vous avez certains talents de conteur, je finis par dire.

— J'ai d'autres histoires aussi invraisemblables le concernant, reprend-elle. C'est à s'arracher les cheveux. Un jour, il déploie tout son savoir-faire pour subtiliser une toile de maître. Le lendemain, il la remet à sa place avec un mot d'excuse. Le matin, il vole une parure de bijoux, qu'il oublie dans sa chambre en quittant son hôtel. Dans le même temps, il vend de faux tableaux à des hommes redoutables et cambriole des musées sur-protégés. Il risque sa vie bien souvent, quand il pourrait simplement profiter de sa fortune.

— Le funambulisme ?

— Le funambulisme à son sommet, oui ! J'ai l'impression de n'avoir pas croisé d'autre truand comme lui. Son audace était pathologique.

Je le revois dans Paris avec nous, son père taillant le vison, sa mère qui se faisait belle. Je revois ses cheveux bruns, ses yeux marron, son aisance auprès des filles, son oisiveté. Il était le plus sage de nous cinq. Il n'avait que quelques petites affaires de recel derrière lui, il visait plus haut, sans se baisser pour des broutilles, guettant la fortune. Je repense aussi à nos rendez-vous annuels, où son excentricité nous agaçait, ses Rolls et sa chevalière, ses grandes vérités, sa brillance. Sa vantardise, sa suffisance. Nous avions l'impression de l'attendrir. Son obsession du prestige, son CAP de mécanicien en poche.

J'ai toujours aimé l'argent, j'en ai toujours voulu. J'ai toujours désiré la liberté que l'argent procure, les portes qui s'ouvrent et les avions qui décollent. C'est après tout ça que j'ai couru trente ans durant. C'est pour l'argent que j'ai pris tant de risques et tué des hommes. J'ai croisé des truands qui se disaient de gauche, d'autres de droite, qui voulaient rétablir un certain équilibre, détrousser les riches ou faire pencher la balance. Moi, je n'ai combattu pour rien d'autre que pour ma soif personnelle. Je n'ai pas eu la moindre idéologie, le moindre principe politique ou social. J'ai voulu de l'argent pour ne pas avoir d'entrave.

Oscar aussi aimait l'argent. Il en voulait des montagnes. Mais il aimait surtout se sentir supérieur à ceux qui n'en avait pas, ou moins que lui. Son plus grand plaisir était de narguer les ouvriers dans les boîtes que nous fréquentions à l'époque, cela mettait Albert mal à l'aise, payer l'addition du restaurant en laissant un pourboire pharaonique à la serveuse, cabosser la Triumph de son père en se garant devant une terrasse noire de monde, puis faire comme si de rien n'était, ne même pas se retourner vers la tôle éraflée. Oscar aimait qu'on le regarde. Et surtout qu'on le croie très riche.

— Et tout est possible, tant qu'il y a des gens pour y croire, disait-il.

Oscar me faisait souvent rire. Sa manière d'obtenir tout de tout le monde, ses pirouettes et son sourire, tout son personnage de fils à papa prêt à prendre le maquis. Oscar était déjà libre. À l'époque, j'aurais aimé lui ressembler.

Le vol de la toile de Costano a tout changé. Je lui en ai toujours voulu de ne pas s'être rendu compte que nous ne partagions pas son insouciance. Je ne le lui ai jamais dit.

— Je vais faire quelque chose qui ne se fait absolument pas en journalisme, me dit-elle.

Je l'écoute. Elle est calme.

— Je vais vous dévoiler mes sources. Une partie, tout du moins. Avez-vous déjà entendu parler de Mike Hamilton ?

— Non.

— C'est un collègue américain, c'est un brillant journaliste. Il écrit dans le *New York Times*. C'est grâce à lui que j'ai su que John Costano s'était fait voler une toile en 1971. Il a recueilli l'information à la mort du parrain. Quand sa veuve a souhaité faire don de toute leur collection d'art au musée de Washington.

Nos regards se croisent.

— Selon mes recherches, c'est le premier vrai coup d'Oscar Rosenbaum.

Elle se cale au fond de sa chaise, je garde le silence.

— J'ignore si vous le savez, je ne sais pas non plus si Oscar Rosenbaum y était pour quelque chose. Si ça n'est pas le cas, tout cela lui aurait plu.

Je ne comprends pas, elle ménage ses effets, elle me glisse un sourire et prend une grande inspiration.

— La donation n'a pas eu lieu.

Puis après un court silence :

— La toile était fausse.

X

Jacques

Personne ne l'apprit jamais. La donation fut simplement annulée. Le bruit courut, qui ne fut bientôt plus qu'un petit bruissement sans importance. La veuve garda le secret sans que la honte jaillisse sur elle et son clan.

Elle-même ne connaissait pas vraiment l'histoire du vol et de la rançon, elle était tenue à l'écart des affaires, au bord de sa piscine. Elle avait, au moment de cette découverte, évoqué une sinistre nuit de juin 1971, elle s'était souvenue de la disparition de la toile durant quatre jours, sans rien savoir de plus.

Mike Hamilton avait eu vent de cette histoire, il avait pensé que la toile avait alors été remplacée par une copie. Il avait cherché çà et là dans la plus grande discrétion, il avait approché d'anciens membres de l'équipe, on lui avait parlé d'un sac de billets, il avait retrouvé la vieille femme de chambre, maintenant retraitée. Il avait même, en consultant les fichiers de l'immigration, constaté que la villa des Costano abritait alors un cuisinier français. De coups de fil en longues lettres entre les deux journalistes, Chloé Lavigne avait pu faire sa connaissance de ce côté-ci de l'Atlantique. Il était toujours cuisinier, chef dans une brasserie parisienne. Il gardait, en souvenir de cette nuit-là, une large cicatrice en travers de la mâchoire.

— Ils étaient cinq, lui avait-il assuré. Je les ai vus courir dans le parc. Ils ont abattu les deux dobermans, ça m'a réveillé, je me suis levé, j'ai allumé. Je les ai vus. Ils étaient cinq.

Les hommes de Costano, à l'époque, avaient remué ciel et terre pour mettre la main sur ces cinq têtes brûlées. Ils avaient, dès les premiers jours, constaté que des chambres avaient été occupées par des individus a priori étrangers, dans des hôtels différents et libérées le même jour. Les réceptionnistes avaient fourni de vagues signalements, insistant surtout sur leur mutisme. Au milieu de tous les touristes, de tous les âges et de tous les pays, la présence de ces hommes demeurés discrets chacun dans son coin avait ancré en eux la certitude qu'ils tenaient les malfaiteurs.

Mais la piste s'était arrêtée là. Ils n'avaient rien trouvé d'autre. Costano avait enragé tout seul, soupçonnant tout et tout le monde. Les cinq silhouettes noires s'étaient évaporées, et son million de dollars avec. Aucune empreinte, aucun indice, aucune image, nous n'avions finalement commis aucune erreur.

— Par contre, me dit-elle, il savait que les malfaiteurs étaient français. Ça n'était pas fait pour le calmer, entre parenthèses.

Je hausse les sourcils.

— Vraiment, reprend-elle, vous l'avez rendu fou, aux dires de mon collègue. Il avait l'impression de s'être fait avoir par des enfants.

Elle sourit.

— C'est incroyable, d'avoir eu une telle audace, s'attaquer à John Costano sans parler un mot d'anglais.

— De quoi parlez-vous exactement ?

— De la demande de rançon que vous avez laissée dans l'entrée. C'est comme ça qu'on a su que vous étiez français. Un des hommes de Costano l'a expliqué à mon collègue.

Je réfléchis, je ne me souviens plus.

— *Tableau*, me dit-elle, ne se traduit pas par *board* mais *picture* ou *painting*. *Board*, c'est le tableau d'affichage, le tableau noir de l'école.

Je souffle. Notre amateurisme, dictionnaire en main. Les deux pieds dans le plat.

— Francophones, peut-être, dis-je en relevant doucement les yeux. Mais nous aurions bien pu être belges, ou suisses, non ?

— L'un d'entre vous a un jour tenté d'engager la conversation avec une femme de ménage. L'homme semblait ivre. Selon la jeune fille, l'occupant de la chambre lui aurait parlé de Paris…

— Impossible, je tranche. Aucun de nous n'a parlé. Le silence était notre carte maîtresse.

— Ça n'a de toute manière rien donné de plus, conclut-elle. La certitude que les cinq hommes étaient français n'a pas mené Costano plus loin. Il prit ça comme un pied de nez final.

*

Mike Hamilton et Chloé Lavigne échangèrent toutes sortes d'e-mails et de lettres à propos de cette affaire. Rien ne se dessina précisément pour eux non plus.

Leurs hypothèses restèrent on ne peut plus indécises : cinq Français selon toute vraisemblance, c'était à peu près tout. Les champs étaient vastes, d'autant que près de vingt-cinq ans s'étaient déjà écoulés.

À cette époque, j'étais un des voyous de Paris en centrale et j'apprenais la mort du caïd depuis ma cellule. Oscar vivait en Belgique dans une flamboyance qui n'était pas encore trop publique. Albert venait d'acquérir son troisième camping et Paco ne sortait déjà presque plus de sa caravane. Jean n'était jamais réapparu.

Les investigations de Costano frère avaient tourné court elles aussi. Les deux journalistes avaient mis le dossier de côté. Les années avaient passé sans que rien vienne les éclairer davantage.

La vie avait suivi son cours. Nos rendez-vous annuels dans le plus grand anonymat continuaient de nous protéger. Personne n'avait eu le moindre soupçon sur nous. Notre clandestinité n'avait depuis longtemps plus lieu d'être.

Dans l'ombre, deux journalistes passionnés guettaient un éventuel sursaut. Costano frère, la rage intacte, avait fini par se rendre à l'évidence : les cinq silhouettes noires n'avaient jamais refait surface, son aîné était mort sans s'être vengé, il lui serait de plus en plus difficile de mettre un jour la main sur les coupables.

L'histoire d'un faux tableau avait mené Mike Hamilton sur les chemins de certains faussaires, Chloé Lavigne avait elle aussi enquêté là-dessus. Ils ne savaient toujours pas si la toile avait ou non été remplacée au moment du vol, ou bien si John Costano s'était simplement fait avoir en l'achetant. Ils ne savaient pas non plus comment ces cinq hommes avaient bien pu s'y prendre pour soustraire un sac de billets au parrain de la côte Est sans parler sa langue, sans se faire coincer par ses hommes, et lui filer entre les doigts.

— Voilà, me dit-elle, tout ce que nous savons tient en peu de phrases. Dans la nuit du 13 au 14 juin 1971, cinq hommes ont pénétré dans la villa des Costano à Miami Beach et se sont emparés d'une toile de maître. Un Manet. Tout est allé très vite, d'après le cuisinier. Les cinq hommes ont déguerpi après avoir laissé une demande de rançon dans l'entrée. Selon les hôtels qui hébergeaient les malfaiteurs et les dates de remise des clés, quatre jours plus tard, les cinq Français procédaient à l'échange et disparaissaient avec un sac de billets.

— Quatre sacs, je précise. Quatre petits sacs.

Ses yeux s'allument. À mon tour de ménager mes effets.

— Quatre petits sacs, j'insiste. Et contenant chacun 250 000 dollars. Nous avons laissé un gros sac de cuir dans l'entrée, qui en renfermait quatre autres. Plus petits, de la taille d'un vasistas.

— Attendez, me dit-elle. Je vous coupe, excusez-moi. Je vais chercher mon dictaphone.

Elle se lève. Je vais tout lui raconter, elle va savoir comment on s'y est pris. Elle va connaître l'histoire, ma voix sur la bande. Je vais commencer par là. Je vais lui dire comment Oscar avait tout mis sur pied durant sa semaine de repérage, comment cinq illettrés ont roulé le caïd dans la farine. Je lui dirai aussi d'où provenaient les infos d'Oscar, ça va lui plaire, elle et son funambulisme.

Je ne sais pas si elle connaît la gare de Miami Beach. Tout a dû changer, depuis le temps. Il n'y a sans doute plus que de gros immeubles de verre et d'acier, des échangeurs monumentaux pour des milliers de passages quotidiens, des caméras de surveillance tous les dix mètres, il ne doit même plus y avoir de consignes depuis les attentats. Je ne sais pas comment nous ferions aujourd'hui. Il doit y avoir de nouvelles techniques, des trucs d'informaticien, de l'électronique, il y a sans doute encore moyen de s'en sortir mais je ne saurais plus m'y prendre.

À l'époque, la gare de Miami Beach était un peu ancienne, comme Saint-Lazare, les quais, un vaste hall en brique rouge, quelques couloirs çà et là menant au métro, des piétons dans tous les sens et des vendeurs ambulants. Elle trouvera peut-être de vieilles photos sur Internet. À l'époque, il n'y avait pas non plus de téléphone portable. Nous ne pouvions communiquer entre nous que de vive voix – mais c'était exclu – ou par gestes. Nous nous étions séparés, chacun à son poste. Nous savions que Costano ne viendrait pas seul. En plein jour au milieu de la foule, nous étions anonymes et mobiles. Jean faisait face aux consignes, son journal sous le bras. Tant qu'il ne l'ouvrait pas pour feindre de le lire, tout se passait bien. En levant les yeux, il tombait sur le bar à l'étage, comme un balcon de théâtre.

Je l'observais depuis le comptoir. J'avais moi aussi mon journal plié dans la main, je buvais un café en surveillant ma montre. Et puis je le vis se raidir d'un coup : Costano arrivait. Jean était sur le qui-vive, je voyais sa tête aller et venir, en s'arrêtant souvent sur notre homme, qui se dirigeait vers les consignes, le gros sac à la main. Jean finit par croiser les bras dans son dos : Costano était seul.

Je commandai un second café sans parler, Paco me vit faire depuis le fond de la salle. Il se dirigea vers les toilettes.

Costano sortit de sa poche la petite clé que nous lui avions laissée avec notre mot d'explication. Il vérifia le numéro de la consigne et l'ouvrit doucement en jetant un regard alentour. Jean détourna les yeux. Il bouillait mais gardait son calme, tout avait l'air d'aller. Costano découvrit la seconde enveloppe qui l'attendait, il reposa le sac à ses pieds. Il la prit en main, l'inspecta avant de la décacheter. Je vis Jean croiser ses bras devant lui. Tout se déroulait comme prévu. Costano lisait.

Paco était maintenant dans les toilettes en train de se laver les mains. Cela pouvait durer longtemps. Je ne touchais plus à mon café, suspendu aux réactions de Jean.

Costano termina la lecture de nos instructions. Il referma la consigne et se dirigea vers les escalators sans alerter personne. Ses hommes devaient être disséminés aux quatre coins du hall, les yeux rivés sur lui, la main sur la crosse. Le parrain atteignit le palier supérieur, je le voyais maintenant, il était à dix mètres à peine, la mine grave, le pardessus sombre. Il vérifia l'enseigne du bar dans lequel je me trouvais, avant d'en franchir la porte. Dans le brouhaha général, je le suivis du regard tandis qu'il s'approchait du comptoir et se penchait vers le barman. En bas, Jean avait disparu.

Je n'entendis pas ce qu'il disait, je n'aurais de toute façon rien compris. Le serveur acquiesça, se tourna vers la caisse, il saisit une petite enveloppe, la troisième, et la tendit à Costano avant de passer au client suivant.

Costano l'ouvrit en se protégeant du regard de ses voisins, ma main se crispa sur le journal. Je portai la tasse à ma bouche sans rien boire, Costano lisait le message sans laisser la moindre émotion parcourir sa face. Il glissa le papier dans sa poche et reprit son gros sac. Au milieu de la cohue, il se dirigea vers les toilettes, son épaule frôla la mienne.

Il entra dans le dos de Paco, toujours penché sur le lavabo. Il le reconnut dans le miroir et baissa la tête. Costano s'enferma, Paco s'essuya les mains en l'entendant tourner le verrou.

À l'intérieur, Costano a ouvert son gros sac. Il a peut-être hésité, il a sans doute tenté de regarder dans la rue par le vasistas. Il a dû se contorsionner, grimper sur le chiotte et se débattre comme un lion en cage avant de se rendre à l'évidence. Il s'était fait baiser, bouclé dans deux mètres carrés sans ses sbires. Il n'y avait plus qu'à jeter par la fenêtre nos quatre sacoches pleines de ses dollars, suffisamment petites pour passer par cette ouverture, cracher par terre et ressortir sans desserrer les dents.

Oscar et Albert étaient vingt mètres plus bas, dos au mur, dans la rue. Ils sursautèrent au premier colis. Aux trois suivants aussi. Ils récupérèrent la rançon sans que personne s'étonne de voir des sacs voler sur le trottoir. Ils disparurent vite, le butin dans le coffre.

Paco s'était éclipsé. Je terminai mon café, je vis Costano ressortir, il fit signe à deux types près de l'entrée qui laissèrent leur tasse à moitié pleine pour le suivre. Je les regardai s'éloigner, Costano ne parlait pas. Sur le chemin, il se fit rejoindre par plusieurs hommes, tous en binôme, qui prirent sa suite. J'ignore combien ils étaient au total. Mais je savais que pour nous tout s'était bien déroulé puisque Jean n'était pas revenu lire son journal dans le hall. C'est qu'il avait assisté de loin à l'atterrissage des sacs sans constater le moindre dégât.

Nous étions riches.

XI

Jacques

Tout ça pour une copie, un tableau peint *à la manière de*. Elle et son collègue américain se demandent encore si c'est Oscar qui l'a remplacé au moment de l'échange. Moi, je sais que non. C'est impossible. Ils vont être déçus. Je sais qu'Oscar naviguait à vue, comme nous. Il n'avait, à l'époque, aucun moyen de réaliser un tel tour de passe-passe. Il ne connaissait pas la toile, ne fréquentait aucun faussaire, c'était juste un petit escroc.

Mais ça lui aurait plu, c'est vrai. Il aurait adoré. Apprendre que Costano avait versé un million de dollars de rançon pour un faux, c'est sûr, il se serait esclaffé. Costano le caïd, qui joue les connaisseurs et flambe dans les galeries, qui signe des chèques pour du vent, qui persiste en croyant s'être fait voler un trésor, qui paie les ravisseurs et nous propulse dans une vie différente, qui nous pousse dans la méfiance, menace de mort et clandestinité. Tout ça parce que le petit voyou qu'il était a gravi les échelons, qu'il est devenu le patron du secteur. Tout ça parce qu'il a voulu jouer

au riche du haut de son inculture, dans son palais véni-
tien, personne ne pouvant être assez fou pour oser
s'attaquer à lui. Il n'a sans doute jamais su à quel point
il s'était fait avoir. Sa veuve a dû s'effondrer en appre-
nant la nouvelle. Tous les jurons des bas quartiers ont
dû refaire surface dans sa bouche maquillée, elle a dû
hurler, sa condition de fille des rues a dû lui revenir en
pleine face quelques secondes. Exactement ce qui
aurait ravi Oscar.

Par contre, la nouvelle a dû faire enrager le petit frère
de Costano. Il doit être doublement décidé à mettre la
main sur ceux qui l'ont ainsi détroussé. Les années
n'ont sans doute pas entamé sa détermination, elle s'est
peut-être même depuis amplifiée. Laver l'honneur de
son grand frère fait toujours partie de ses priorités, nous
sommes en sursis et cette histoire de livre va tout mettre
en péril.

Elle est redescendue, elle a repris sa place, elle a
posé son dictaphone entre nous. Pour le moment, tout
est encore secret. Il n'est pas trop tard pour ne rien
dévoiler, c'est ma dernière chance de conserver
l'anonymat et de mourir tranquille.

Je prends une cigarette, je regarde l'objet sur la table.
C'est l'heure des aveux. Mon cerveau s'emballe en
cherchant la sortie, une fausse histoire pour la perdre
encore une fois, une piste sans issue loin de nous cinq
pour continuer de vivre, je souffle la fumée vers le haut,
elle attend. J'imagine mille façons de l'égarer, je
prends mon temps sous ses yeux.

— Je suis sûr qu'il n'y a pas d'enveloppe.

Elle feint de ne pas comprendre, elle penche douce-
ment la tête.

— L'enveloppe que vous avez prétendument déposée chez un notaire. Qui contient une copie de la photo et ce que vous savez sur l'affaire, l'enveloppe qui dit que vous êtes ici. Je suis sûr que cette enveloppe n'existe pas.

J'ai l'air sûr de moi. Je suis ferme.

— Pourquoi ?

— Parce que vous n'avez pas téléphoné aujourd'hui.

Elle ne s'attendait pas à ça, elle est surprise. Je la fixe. Elle se tortille sur sa chaise.

— J'ai appelé ce matin, dit-elle. En sortant de la douche. Vous discutiez avec le facteur.

Elle se reprend.

— Il ne m'a pas vue, précise-t-elle, je n'ai pas ouvert les volets. J'ai appelé pendant ce temps-là.

— C'est faux.

Elle est troublée.

— Vous avez inventé cette histoire d'enveloppe en croyant que j'allais me sentir obligé de tout vous raconter. Mais je suis sûr que vous n'avez pas pris le risque de voir vos documents ouverts par mégarde par une secrétaire débutante ou monnayés par un notaire véreux. Vous m'avez dit que vous ne citiez jamais vos sources, je suis persuadé que vous ne mêlez non plus jamais personne à vos enquêtes. Je suis sûr que Mike Hamilton ne sait pas que vous êtes ici. Qu'il ignore même jusqu'à mon nom.

Elle sent le vent tourner, son projet qui s'écroule, elle voit la porte fermée à double tour, sa présence incognito et mon regard sur elle.

— Vous êtes une aventurière, Chloé.

Elle frissonne quand je prononce son nom. J'écrase ma cigarette en serrant la mâchoire, elle émet un petit hoquet.

— Vous me faites peur, articule-t-elle.

— Pas vous.

Elle me regarde de nouveau en face. Elle a soudain l'air vexée, les yeux humides et le timbre incertain.

— Je suis désolée.

— Pas moi.

Elle se redresse.

— Je suis désolée que vous le preniez comme ça, précise-t-elle.

Elle a une pointe de colère dans la voix.

— Je suis désolée, surtout, que vous n'ayez rien écouté de ce que je vous ai dit, que vous n'arriviez pas à comprendre que je suis journaliste, que c'est un métier !

Elle insiste sur ce mot. Elle plante ses yeux dans les miens. Elle détache toutes ses phrases.

— Mon métier, c'est de traquer la vérité, d'écouter ce que les gens ont à dire et de comprendre. Pas de mentir. Je ne suis pas une funambule, moi. Je ne suis pas une aventurière.

— Vous vous êtes bien *aventurée* jusqu'à chez moi, non ?

— Ça n'est pas moi qui me suis *aventurée* jusqu'à chez vous, comme vous dites. C'est vous, qui vivez d'une manière telle que quiconque s'approche *s'aventure*, en effet. C'est vous qui vivez dans une forteresse sans parler à personne, reclus, loin de tout, même en pleine ville.

J'ai tout à coup l'impression qu'elle me méprise, ou bien ses nerfs lâchent, elle se lève.

— C'est pour ça que j'ai déposé cette enveloppe chez ce notaire, pour me protéger ! Parce que pour vous, le monde extérieur est une menace tout entière, chaque sortie est l'occasion de commettre une erreur, chaque parole peut contenir le mot de trop. Il n'y a que votre chat qui puisse vous approcher sans que vous fronciez le sourcil !

Elle se reprend d'un coup.

— Vous voulez la preuve que cette enveloppe existe ?

Elle sort son téléphone de sa poche et le pose sur la table d'un geste brusque.

— Je dois appeler à 18 heures. Je ne vais pas appeler. Vous verrez bien ce qui arrivera, tranche-t-elle.

Je ne sais pas quoi faire. Je suis cloué sur mon siège. J'ai envie de la gifler pour ce qu'elle vient de me dire.

*

Nous sommes restés longtemps sans parler. J'étais assis à l'observer, elle, toujours debout, fixant ses pieds. Elle ne décolérait pas.

J'ai songé à toutes les suites possibles.

— Je ne pensais pas ce que je disais, a-t-elle fini par souffler en me regardant à nouveau.

— Moi si.

— Je sais, a-t-elle soupiré. Je comprends votre attitude. Je comprends que vous vous méfiiez de moi, que vous ne soyez pas sûr de vouloir tout me dire. Excusez-moi, je me suis emportée.

À mon tour de la mettre en confiance.

— Désolé de vous avoir fait peur.

— C'était exagéré. Je n'ai pas vraiment eu peur.

J'ai gardé ma réaction pour moi. Je guettais la pendule, on avait passé 6 heures. Elle était calme, elle semblait attendre. Elle s'est rassise et son téléphone a retenti. Elle l'a pris en main doucement, elle m'a regardé.

— Voilà, a-t-elle dit. Vous voyez ? Je mets le haut-parleur, vous allez pouvoir entendre.

Elle a décroché.

— Allô ?

— *Bonjour. Chloé Lavigne ?*

La voix nasillarde d'un type.

— Bonjour, maître. Je n'ai pas pu vous appeler mais tout va bien. Ne touchez pas à l'enveloppe, a-t-elle dit sans me quitter des yeux.

— *Très bien. À demain, alors. Tout va bien, vous êtes sûre ?*

— Oui, tout va bien. À demain matin. Merci pour votre appel, maître. Au revoir.

— *Au revoir.*

Elle a reposé l'appareil, j'ai baissé les yeux.

— Voilà ce qui se passe si je n'appelle pas, m'a-t-elle dit. Le notaire m'appelle. Si je ne réponds pas, il essaie de nouveau un quart d'heure après. Si je ne décroche encore pas, il ouvre l'enveloppe.

Elle est détendue, certaine que je me suis moi aussi calmé, que ses excuses m'ont caressé le dos. Cette salope est certaine que son enveloppe planquée quelque part suffira à me faire parler, qu'elle a gagné ma confiance ou que, au pire, je me sentirai coincé. Elle croit que je vais tout lui déballer.

Là-dessus, elle n'a pas tort. J'adore son regard quand je lui parle de mes hauts faits. J'adore voir briller l'œil de Chloé Lavigne quand je lui raconte mes aventures, c'est peut-être la seule flatterie qui manquait encore à mon palmarès. Et puis tout lui raconter m'excite, surtout lui dire la vérité. J'ai l'impression de prendre un dernier risque, de lever le voile sur trente-neuf ans de mystère. Je n'ai pas envie de lui mentir. Comme un dernier tour de piste ou une belle confession. Elle va être comblée.

Pour le reste, en revanche, ça ne va pas se dérouler exactement comme elle l'avait prévu, enveloppe ou pas, notaire ou pas notaire, j'ai eu le temps de réfléchir. C'est moi qui mène la danse, j'ai tout envisagé, j'ai tourné le problème dans tous les sens.

Et je viens de trouver.

XII

Jacques

Je lui ai tout raconté, tout exposé des moindres détails. Je lui en ai même dit plus que nécessaire. Je n'ai rien occulté. Comment Oscar avait monté l'affaire sur les dires d'un copain de boisson croisé tard le soir, cette petite conne a adoré, le funambulisme, dès le départ. Je lui ai aussi raconté notre retour en France, les uns en avion, les autres en bateau, chargés du million, puis nos retrouvailles sur le port du Havre et le partage à l'arrière de cette camionnette.

Nous nous sommes installés dans le salon, son dictaphone posé sur la table basse. Je n'ai pas ouvert les volets ce matin. On ne sait plus quelle heure il est, je lui parle dans la lumière douce d'un abat-jour près de la cheminée. Nous sommes au creux de mes confidences, au chaud, Chloé Lavigne hoche la tête en silence au son de ma confession. Elle est dans le petit canapé, moi dans le plus grand, j'ai les bras étendus de part et d'autre sur le dossier. De temps en temps, elle se penche et note quelques mots sur de larges feuilles blanches.

Je savoure ce moment. Je me remémore la gare de Miami Beach, l'attitude de Costano, le frisson qui me parcourait derrière mes lunettes de soleil au comptoir. Tout dévoiler de ce que je n'ai jamais raconté à personne, comme si aucun danger ne me guettait plus. Elle n'est pas aussi enthousiaste que je l'espérais. Elle apprécie nos manigances et nos astuces mais sans émerveillement. Elle m'écoute. Le montant de la rançon ne la fait pas rêver, nos chemins qui se séparent dans la peur ne la font pas frémir. Elle n'est pas dans l'émotion ; seule semble compter son obsession de la vérité, les faits, sans amour ni jugement. Les seuls moments qui la tirent de cette froideur sont ceux où j'évoque Oscar ; son œil s'est allumé tout à l'heure quand je lui ai dit qu'il n'avait pas exprimé le moindre regret.

— C'est à cause de lui que nous avons vécu loin les uns des autres en nous cachant, ai-je dit.

Elle n'a pas relevé. Ce qui semble surtout l'inté-resser, ce sont les conséquences que peuvent avoir un coup sur l'ensemble d'une vie. Elle en est à penser que si, pour nous, le vol du tableau de Costano fut aussi lucratif que handicapant pour la suite, pour Oscar, au contraire, c'est ce qui le propulsa pour de bon dans une existence ne tenant qu'à un fil. Une vie de funambule au milieu des paillettes.

— Comme un assassin qui revient toujours sur les lieux de son crime, Oscar Rosenbaum a toujours recherché l'émotion qu'il avait eue ce jour-là, j'en suis convaincue.

Elle m'agace. Elle ne s'en doute pas. Elle croit simplement que je suis en train de l'aider, elle voit sa biographie prendre forme, sans se douter une seconde de ce qui nous attend tous les deux. Elle n'a aucune idée de ce que je lui cache.

Son sourire a refait surface quand je lui ai parlé du code des couleurs que nous nous étions attribué. Elle a trouvé ça puéril, elle a osé me le dire.

— C'était une idée de Paco, ai-je dit.

— Et le paranoïaque qu'il était n'avait pas songé que les noms des couleurs ne sont pas les mêmes en anglais ?

— Je ne sais pas. Nous n'y avions pas pensé non plus, ai-je concédé. Mais ça ne nous a pas été utile, nous n'avons pas parlé, nous ne nous sommes pas interpellés.

Tout m'est permis. Je peux lui dire à quel point notre braquage reposait sur du vent, combien notre amateurisme risquait à chaque pas de nous perdre, quels risques insensés nous avons pris. Je me le permets parce que nous avons triomphé. Pas de raillerie possible, pas de honte, aucune faille. Au pire, une chance fabuleuse. Mais pas d'autre sanction, juste une vie qui change. Et les poches pleines. Pour elle, nous ne sommes pas des gamins qui se trompent de jeu, elle ne voit qu'un coup d'essai, brinquebalant mais vainqueur, pour des destins qui décollent.

Je ne pensais pas lui dire quelle trouille nous avait assaillis lors des révélations d'Oscar. Je voulais garder ça pour moi. Mais c'est un plaisir de plus. Moi le dur qui lui avoue nos regards effrayés, nos mains tremblantes sur les liasses de billets, j'ai l'impression de poser la cerise sur le gâteau, de me démystifier et notre coup d'éclat avec. Elle n'a d'ailleurs pas l'air vraiment surprise. Elle ne me voit peut-être pas comme un gangster inoxydable. En d'autres circonstances, j'aurais certainement tenté de peaufiner mon personnage et de redevenir un caïd à ses yeux. Mais plus maintenant. Il n'y a que nous deux dans la pénombre et les coussins moelleux, sa mine attentive et son dictaphone qui ne laisse rien filer.

Tout à l'heure, je lui ai montré de la main ma collection d'annuaires sur l'étagère. Elle a tourné la tête vers eux puis s'est levée pour les voir de plus près. Elle en a sorti quelques-uns, celui de l'Ain, datant de 1972, celui des Bouches-du-Rhône, de 1984, elle les a ouverts à la page 100, elle a regardé la première adresse sur chacune de ces pages.

— C'est là que nous nous sommes vus, année après année, ai-je dit sans bouger du canapé.

— Oscar Rosenbaum était présent à chacun de ces rendez-vous ?

— Oui. Oscar le magnifique, j'ai dit en écartant les bras.

Elle a souri. Elle a sorti un autre annuaire et l'a feuilleté en silence pendant que je lui racontais ces entrevues secrètes. Nous prenions maintes précautions pour nous y rendre. Pour ma part, j'empruntais les départementales au volant de voitures de location, je faisais des pointes à 200 puis des pauses de trois heures, je marchais tête baissée sur les trottoirs. Paco arrivait toujours la veille. Il inspectait les alentours avant les retrouvailles. Albert faisait la route d'une traite, il arrivait à midi pile et repartait aussitôt le café avalé. Ces deux heures de connivence lui étaient suffisantes, il était depuis longtemps un commerçant honnête. Il s'excusait chaque fois de repartir si vite. Nous comprenions. Et Oscar, lui, garait ses limousines au lieu du rendez-vous. C'est tout juste s'il ne venait pas avec un chauffeur ou des danseuses. Ses Rolls rutilantes, ses éclats de voix, son rire tonitruant, son fume-cigarette et son briquet-bijou, le champagne qu'il commandait à la serveuse. Parfois, la discussion s'envenimait. Nous le sommions de se calmer, de se faire discret, ça le faisait rire. Et puis le son de nos voix s'harmonisait, nous nous racontions nos vies, parfois nous reparlions de Costano mais pas toujours.

— Et Jean Trassard ?, m'a-t-elle demandé.

— Jean, nous ne l'avons jamais revu.

— Même vous ?

— Non. Même moi. Je ne l'ai jamais revu.

Elle est revenue s'asseoir près de moi, je l'ai regardée faire. Elle semblait vaguement émue, ou étonnée, ça m'a surpris venant d'elle.

— Vous n'avez jamais revu votre frère ?

— Non.

Je ne sais pas ce qu'elle pense. Je l'observe, elle note une phrase. Nous nous écartons de Costano et d'Oscar, elle le sait, je ne lui ai pas encore tout dit sur la toile mais le fait que je n'aie jamais revu Jean la touche.

— Vous n'avez jamais su ce qu'il était devenu ? murmure-t-elle en me regardant.

— Une vie de truand, c'est comme ça. Il faut faire des choix.

Bien sûr, je me suis parfois demandé si mon frère était encore en vie, ce qu'il avait fait de sa part. S'il avait, comme moi, réussi une belle carrière. Je me suis aussi demandé s'il avait vécu vieux. Mais je me suis surtout dit que s'il ne venait pas à nos rendez-vous, c'est qu'il avait une bonne raison. Ou bien qu'il était mort.

— Ça ne vous a jamais manqué ?

Je ne lui mens pas, je ne me cache sous aucune armure, je n'en ai pas besoin. Jean a disparu de ma vie sur les quais du Havre en 1971. J'ai pensé à lui deux ans après en m'achetant une Porsche marron, sa couleur lors du braquage. C'était un hasard, pas un hommage.

— Eh bien, au moment où vous achetiez cette voiture, me dit-elle, votre frère n'avait déjà plus rien.

Sa voix est douce, je l'écoute sans l'interrompre. Elle me parle de mon frère avec de l'émotion dans la voix, elle semble s'apitoyer sur son sort, ou bien pense-t-elle me faire culpabiliser. Jean qui, aussitôt le partage effectué, s'était réfugié dans les fastes d'un hôtel à Deauville, sans sortir de sa chambre durant plusieurs semaines.

— Tout ça est à prendre au conditionnel, souffle-t-elle. Je n'ai qu'assez peu d'informations le concernant, ses propos étaient incohérents.

— Vous l'avez rencontré ?

— Non. J'ai lu les comptes rendus médicaux de l'hôpital psychiatrique de Bobigny. Il y a fait plusieurs séjours.

Mon petit frère chez les dingues pendant que je menais grand train à Paris. Lui que je croyais mort quand il se débattait avec des voix dans la tête. Moi qui construisais ma fortune quand il brûlait la sienne dans les casinos de la côte normande. Lors du rendez-vous dans l'Ain, il était en prison, comme nous l'avions supposé. Une minable arnaque, une histoire de cartes grises falsifiées. À celui de l'Aisne, l'année suivante, il était libre et n'avait déjà plus un sou en poche. Je ne sais pas pourquoi il n'est pas venu. Chloé Lavigne non plus. Elle suppose qu'il était déjà en proie à ses démons intérieurs ou bien qu'il avait oublié.

— Suivre son chemin est presque impossible. Il erre des années durant de foyer en foyer, la police l'interpelle à plusieurs reprises pour consommation d'héroïne, ses dépositions n'ont ni queue ni tête. Sa trace se perd au début des années quatre-vingt.

Elle guette l'émotion sur mon visage. Je suis sans doute impassible. Je sais qu'elle me prend pour un monstre. Quand elle a parlé des ravages de l'héroïne, elle m'a jeté un regard, moi qui me remplissais les poches en en organisant le trafic sur la banlieue ouest, pendant que mon frère y perdait ses neurones.

— Il vit encore ?

Elle pense peut-être que le remords pointe son nez.

— Non. Il refait surface en 1989, il est retrouvé mort d'une balle dans la tête dans les Cévennes par des randonneurs. On constate qu'il est SDF depuis plus de quinze ans, toxicomane et profondément perturbé, l'enquête est brève…

— Je n'ai pas été prévenu.

— Votre mère l'a été.

Ma mère ne me parle plus depuis longtemps. Elle vit encore, elle. Pas mon père, il est mort pendant que j'étais à Fresnes. Je suis allé sur sa tombe en sortant, je n'y suis jamais retourné depuis. Ma mère habite toujours son trois pièces-cuisine à Montreuil, elle n'a pas voulu de la maison que je lui avais payée sur les bords de Loire. Elle hurlait, elle n'a jamais compris, sa petite vie lui convenait. Je lui faisais peur.

Je m'arrête, je m'allume une nouvelle cigarette. Chloé Lavigne m'observe. Cette conne me juge, j'en suis sûr et ça m'est égal. C'est ma vie. Elle veut connaître les faits, sans les juger, m'a-t-elle dit. Elle déborde de son cadre mais je ne lui fais pas remarquer.

Je lui parle, je réponds à ses questions. Je repense à Jean, qui conduisait la voiture dans Miami Beach. C'était trop pour lui, il n'a pas supporté l'ampleur du danger, l'importance de la rançon. Il n'était pas fait pour ça. Pas à ce niveau. Il paraît qu'il parlait tout seul, qu'il passait des jours entiers recroquevillé sur sa chaise parmi les blouses blanches. Il semble qu'il n'ait jamais rien divulgué sur Costano et nous cinq, ou bien les infirmiers prirent ça pour un délire de plus. Pas facile de démêler le vrai du faux dans les discours d'un cinglé. Peut-être raconta-t-il toute l'histoire plusieurs fois, on ne peut pas savoir, sans que personne ne l'écoute vraiment. Je me demande aussi quel coup foireux il put bien mettre en péril pour se faire ainsi abattre au milieu des montagnes. Une arnaque bancale, un partage truqué, des équipiers plus solides que lui, tout est possible. Et un Jean qui se débat dans la garrigue, qui perd pied depuis des années, qui voit le flingue se dresser et sa vie prendre fin. Le gars qui le tua avait sans doute une bonne raison mais vu la vie que semblait mener mon frère, son assassin ne devait pas voler bien haut non plus. Quelques milliers de francs, peut-être.

— Vous m'avez dit qu'il conduisait la voiture ?, me demande-t-elle. Il était *Marron*, c'est ça ?

— Oui. C'était le meilleur pilote d'entre nous. À l'époque, il volait des voitures. Il avait eu son brevet de mécanique avec mention.

Je souris. Elle note quelque chose.

— Albert était *Fuchsia*, qui a fracturé la mâchoire du cuisinier à l'étage. Oscar était *Bleu*, qui déposa l'enveloppe dans l'entrée. Paco était *Jaune*, qui a abattu les deux dobermans. Et moi. Moi j'étais *Orange*, j'ai décroché la toile, Oscar guettait derrière moi, les autres neutralisaient le personnel. Et c'est Paco et moi qui sommes rentrés en bateau.

Elle opine, elle est concentrée. Elle semble se répéter mes paroles, son dictaphone posé devant elle.

— C'était tout de même assez bien ficelé, finit-elle par dire tout bas.

Je soupire d'aise sans lui montrer. Elle a les yeux vifs, elle se remet une mèche. Elle a du charme.

— La preuve, continue-t-elle pour elle-même, personne ne vous a jamais retrouvés.

— Sauf vous.

Elle tourne les yeux vers moi, j'ai un petit sourire, peut-être admiratif, du moins curieux ou sympathique. Elle retourne à ses notes.

— Je vais vous raconter comment, ne vous faites pas de soucis là-dessus, poursuit-elle sur le même ton, sans me regarder.

Elle continue de réfléchir. Évidemment, qu'elle va me raconter. Évidemment qu'elle va me dire quelle erreur nous avons bien pu commettre pour qu'une petite fouille-merde comme elle reconstruise le puzzle presque quarante ans plus tard. Évidemment qu'elle va tout me dire. Elle pense peut-être que c'est donnant-donnant, elle s'imagine que ses révélations vont rétablir l'équilibre, que nous serons quittes. C'est complètement autre chose. Elle ne voit rien venir.

J'en rajoute dans la confidence, je me mets dans le rouge, je lui donne la clé finale, la seule pièce qui lui manque encore avant même qu'elle m'interroge. Après, je n'aurai plus rien à lui apprendre.

— Nous avons récupéré la rançon, ai-je commencé, puis nous avons rendu sa toile à Costano.

J'interromps sa réflexion, elle me fixe de nouveau. Elle s'étonne de ne pas avoir à aborder le sujet, je me confie spontanément.

— Nous lui avons écrit une carte postale. Il ne devait pas y avoir de faute, puisque vous semblez ne pas être au courant, j'ajoute.

Elle acquiesce en silence.

— Il a dû la lire alors que nous avions déjà quitté le territoire. Il a dû enrager, c'est sûr. C'était une idée d'Oscar, son côté espiègle, comme vous dites. Une carte postale, comme des souvenirs de vacances. Même pas d'enveloppe, le texte à la vue de tout le monde.

J'adore ce moment. Chloé Lavigne est suspendue à mes lèvres. Il est peut-être très tard. Mon chat dort sur le tapis. Le vieux gangster abat ses dernières cartes, la jeune femme boit ses paroles, je parle à voix basse dans la pénombre.

— Nous avions loué deux voitures. Une avec laquelle nous nous sommes déplacés, de nos hôtels à la gare, l'aéroport, la villa, etc. Et une seconde, qui n'a pas quitté leur rue. Elle était à cinquante mètres du palais vénitien, fermée à clé.

À mon tour de prendre une grande inspiration. Nous nous regardons, comme deux complices.

— C'est sûr, Costano a dû enrager. Il a vraiment dû vouloir nous tuer.

Je lui souris. Elle aussi. La fumée de ma cigarette danse entre nous.

— La toile était dans le coffre de cette seconde voiture. Elle n'avait pas fait cent mètres. Elle était sous ses fenêtres depuis le départ.

Elle sourit presque comme une enfant. Ses yeux pétillent. Elle connaît toute l'histoire. Le but qu'elle poursuit depuis des années vient d'être atteint. Son travail de fourmi prend fin dans mon salon, au creux de mes canapés, plus rien ne manque. Je la regarde s'émouvoir, elle respire et sourit de nouveau, me lance un merci muet, que je feins de recevoir. Je la laisse savourer l'instant. Maintenant, c'est elle qui va parler. Mais nous avons le temps.

Elle est jolie.

Elle est ma confidente.

XIII

Yvan

Inénarrable Zeub. Comment un type avec un prénom si obscur peut-il avoir eu une idée aussi lumineuse ? Comment un type qui passe deux heures devant sa glace tous les matins peut-il se montrer si curieux des autres ? Comment ce mec a-t-il fait pour faire diffuser des reportages aussi sensibles dans une émission pareille ? Je ne trouve aucune réponse, je suis aussi pantois qu'interloqué. En d'autres circonstances, j'aurais sans doute été ravi de voir arriver ses séquences sur mon écran. J'aurais peut-être cru en un éventuel sursaut de cette télé misérable, j'aurais peut-être vu une issue possible à tous ces jeux débiles.

Mais là, c'est tout l'inverse. Le brio de Zeub m'étouffe. Il pousse Gaëlle à la surenchère, elle qui se trémousse dès qu'une caméra s'approche et qui parle sans cesse des lettres de son ex. Et le talent de Zeub se propage, ses petites interviews se faufilent sur toutes les lèvres, quels que soient les contextes. Aujourd'hui, dans Rennes, j'ai entendu des dizaines de gens demander à d'autres à quoi ils pensaient à cet instant présent, toujours avec le sourire. Il y a quelques années, les clients terminaient tous leur commande par « C'est mon dernier mot », j'étais consterné. Parfois, certains allaient jusqu'à m'appeler Jean-Pierre. Les plus assidus, sans doute. Et puis est venu le temps du « C'est tout. Pour le moment », que je n'ai jamais trouvé drôle non plus. Il y a toujours des expressions qui se baladent quelques mois comme ça dans la bouche des téléspectateurs, je suis bien placé pour les entendre.

Cet enfoiré de Zeub, en quelques semaines, est à son tour passé dans le langage public avec son « À quoi pensez-vous, là, tout de suite ? ». Il n'est pas possible de traverser une rue sans entendre sa fameuse phrase, impossible de boire un verre sans qu'on en parle à la table voisine. Certains ont déjà une réponse prête à sortir au cas où la caméra se pencherait sur eux dans la rue. Une fille disait tout à l'heure qu'elle était peut-être la future doyenne de l'humanité : « C'est vrai, qui sait ? Si ça se trouve, un jour, je serai la personne la plus vieille du monde. S'il m'interroge, je réponds ça. » Hier soir, un type a dit dans le micro qu'il se demandait si un plongeur pouvait se faire aspirer par un Canadair : « On m'a raconté l'histoire, on a retrouvé l'homme-grenouille au sommet d'un sapin calciné. Mais ça me paraît gros. » On est même en passe de modifier les programmes de la chaîne. Zeub le facétieux aura bientôt droit à ses trois minutes tous les soirs avant le journal, l'audimat fait, paraît-il, déjà un bond avant le « Madame monsieur, bonsoir ». Impossible, pour moi, d'entendre parler d'autre chose que de cette émission.

Zeub est mon pire ennemi. Tout est de sa faute, ses interviews font fureur. Tous les participants au jeu sentent qu'il en sera le grand vainqueur, c'est à cause de lui qu'ils se débattent corps et âme pour sauver leur place lors du prochain *primetime*. C'est à cause de lui que Gaëlle a sorti cette vieille histoire de lettres de ses cartons, qu'elle est prête à toutes les bassesses. Dans l'émission quotidienne d'hier, elle disait à voix basse à l'une de ses copines qu'elle misait gros sur ce coup-là.

— Si je les lis, murmurait-elle, j'assure ma place en finale, c'est clair.

La copine gloussait.

J'ai acheté ma tenue de cambrioleur, ainsi que les quelques objets dont je vais avoir besoin. J'ai appelé les renseignements, j'ai trouvé le numéro des parents de Gaëlle. Je suis prêt.

Pour le moment, je suis au Dolmen. J'y suis revenu cet après-midi, j'ai accepté le double de la clé de Marine. Je suis retourné chez elle déposer mon sac. Depuis, je me concentre devant une bière. La nuit tombe, la maison m'attend de l'autre côté de l'eau. Je ne peux pas y aller ce soir, une lumière est allumée à l'étage, un oubli ou quelqu'un. Et puis je suis mort de trouille. Demain, c'est plus sûr. Les parents de Gaëlle tiennent un restaurant, je me souvenais du nom, je l'ai trouvé dans la vieille ville aujourd'hui, je suis passé devant tête baissée. Ils y sont encore, il y a leur nom sous l'enseigne. Demain, vendredi, c'est leur plus gros service. Ils ne seront pas chez eux avant 2 heures du matin. Demain.

Et puis je profite de l'instant. Depuis hier, je me sens mieux, je respire de nouveau. Je savoure mon retour à l'air libre. Je ne suis pas en vacances, je fais une fugue. En vacances, on sait que dans deux, cinq ou dix jours, il faudra s'y remettre, recommencer, porter le tablier traditionnel et faire de nouveau ses heures. Mais là, c'est différent. J'aurais déjà dû être au travail hier, et aujourd'hui. Aucune différence si je n'y retourne pas demain, ni la semaine prochaine. La voie est libre. La durée de mon escapade n'est pas limitée. Pas de compte à rendre, pas de montre, de l'oxygène et des horizons vastes. Six ans que je n'ai pas ressenti ça.

D'ailleurs, j'ai décidé que je ne retravaillerais pas à Rouen. C'est fini. Je vais y retourner mais pour faire mes bagages. La boucle est bouclée, je vais voler les lettres, les brûler, puis passer à autre chose, oublier Gaëlle et retrouver ma vie. Je crois que je vais voguer vers l'Angleterre, libéré de toutes parts. Je n'y suis allé qu'une fois mais je sais qu'il y a là-bas du travail dans les pubs. Londres, Brighton, je verrai sur place. J'y serai sans doute dès la semaine prochaine, le temps de vider mon studio et d'en rendre les clés.

Tout à l'heure, quand Marine m'a donné son double, je lui ai dit que je partirais dans deux jours, sans autres explications. Elle n'a pas posé de questions, elle m'a juste dit que je pourrais revenir quand je le voudrais. Tout ce que j'aime. Tout ce dont j'ai soif depuis deux jours, la liberté, le sourire, les portes ouvertes et des fruits frais. Cette fille est une apparition. Je ne sais rien d'elle, si ce n'est qu'elle est belle et que son herbe est redoutable. En retour, elle ne sait rien de moi non plus. Ce matin, en sortant de la douche, elle m'a demandé d'où je venais.

— Si je te le dis, je serai obligé de te tuer, j'ai souri.

J'ai tenté de me faire une tête de dur, elle a rigolé. Elle a surtout compris que je n'avais pas très envie de parler de moi, c'en est resté là.

J'ai repris une bière. Pas vraiment l'anonymat dans lequel je voulais me terrer hier en sortant de la gare. Le patron connaît mon prénom, il m'a même serré la main quand je suis arrivé. Je suis au comptoir. Marine me passe parfois la main dans le dos en marchant vers des clients. Des gars, à côté de moi, trinquent en buvant des petits verres de je-ne-sais-quoi. Ils grimacent à chaque gorgée. Ils font toutes sortes de commentaires en commandant les verres, ils sont hilares. « – Deuxième round, on a fini de s'observer, maintenant on cogne ! – Ce soir, c'est la version longue, tu vas voir toutes les scènes coupées au montage ! – Allez hop, on tire à balle réelle, pas de sommation, pas de prisonnier ! » Ils m'ont invité à me joindre à eux mais j'ai refusé poliment. Je veux bien boire deux ou trois bières mais il est hors de question que je termine dans le même état qu'hier. Je me sens bien, d'accord, et j'ai très envie de fêter ça après six ans d'apnée mais ça n'est pas fini. Ne pas trop se détendre.

Ne pas perdre de vue le but de mon voyage ici. Ne pas oublier que je suis en Bretagne, la terre ennemie, et que, de l'autre côté de la rivière, dorment mes lettres d'amour.

Je me tourne sur mon tabouret, je regarde en face. Le 126, quai Laclavetine a les volets clos. Je vais y aller faire un tour, un ultime repérage. Demain, c'est le grand soir.

*

Le Dolmen ferme à une heure du matin. À minuit et demi, je sortirai, au milieu des fumeurs et des allées et venues. Durant la dernière demi-heure, Marine et son patron seront trop occupés à encaisser les verres et mettre les clients dehors pour remarquer mon absence. Au pire, si elle me voit sortir, je lui dirai que je vais passer un coup de fil à mon frère depuis la cabine toute proche.

En trente minutes, j'ai le temps de filer jusqu'à chez elle, prendre mon matériel et revenir sur mes pas, franchir le pont dans la pénombre. Téléphoner au 126, laisser sonner dans le vide pour m'assurer que les parents de Gaëlle ne sont pas encore rentrés. Puis forcer la porte sur l'arrière, pénétrer dans le garage, ma torche dans une main, la bombe lacrymogène dans l'autre. Monter les marches, trouver la chambre, vider tous les tiroirs de la commode, mettre enfin la main sur ces lettres et ressortir aussi vite.

J'ai le temps de repasser à l'appartement y déposer mes affaires, refermer à double tour puis regagner le bar, rejoindre la clientèle éméchée dans l'indifférence générale avant l'heure de la fermeture. En trente minutes, je peux me glisser en face et me fondre de nouveau dans l'ambiance sans que personne ait remarqué quoi que ce soit.

Je me retrouve sur le trottoir, comme hier, j'attends Marine qui essuie les verres pendant que le patron compte la caisse, nous partons ensemble jusqu'à chez elle comme si de rien n'était.

J'ai fait tout le parcours, je suis large. En marchant vite, je dispose de plus d'un quart d'heure au 126. Je serai peut-être même de retour au Dolmen juste à temps pour boire une dernière bière, celle de la victoire. Marine n'a pas vu que je m'étais absenté. Ou bien elle s'en moque. Peu importe.

Les gars à côté de moi continuent avec leurs petits verres. Je viens de décliner leur troisième invitation, ils sont de moins en moins frais. J'ai repris un demi, Marine me l'a offert. Elle m'a fait un sourire magnifique au passage. J'ai envie de crier mon bonheur. Le chemin de croix prend fin demain. Demain, je remets les pieds dans l'avenir. Une petite demi-heure de mensonge, de délinquance et de clandestinité m'en sépare encore.

— À quoi tu penses, là, tout de suite ? rigole-t-elle en me posant la main sur l'épaule.

Demain, cette question ne m'excédera plus.

XIV

Jacques

Je me suis resservi un whisky. Elle a pris un thé. Le chat dort sur le tapis. Aucun bruit nulle part, les volets clos nous isolent des clapotis de la rivière, les poivrots du bar d'en face sont sortis sans que leurs chants nous parviennent. Nous ne sommes que tous les deux, en pleine intimité. Nous parlons à voix basse, calmement. Elle s'est détendue, elle semble moins concentrée, plus souriante. J'aime ça. Elle m'a raconté nombre d'aventures d'Oscar, je m'y suis même intéressé. Elle est enthousiaste quand elle parle de lui, son sujet la passionne.

— À ma connaissance, il a commis le hold-up le plus fantasque qui soit.

— Oscar ? Un hold-up ?

— Un seul. Un écart dans sa carrière de magicien. Mais un hold-up invraisemblable, je ne crois pas que le mode opératoire ait connu de récidive, a-t-elle ri.

Je me suis penché vers elle sans prendre ombrage de l'admiration qu'elle lui voue. J'ai dépassé ce stade depuis cet après-midi, depuis que j'ai trouvé l'issue que j'allais donner à notre tête-à-tête.

— Oscar Rosenbaum se présente dans une banque parisienne, rue Blanche, commence-t-elle. C'est le 20 décembre 1989. Il est seul, lunettes noires et imperméable, un revolver.

Je réfléchis en même temps, je vois la rue, j'avais des filles dans le quartier à l'époque.

— Mais surtout, Oscar Rosenbaum est en fauteuil roulant.

Je me retiens de bondir. Elle rigole, elle ne comprend pas elle-même.

— Il pose le revolver sur ses genoux pour avancer, il s'approche du guichet, le reprend en main et ordonne qu'on lui ouvre le coffre, il fait un tour sur lui-même et tire sur la caméra de surveillance, le personnel le prend soudain très au sérieux, les clients présents sont pétrifiés.

J'imagine la scène. Oscar en braqueur. Il ne nous en avait jamais parlé. Nous l'aurions pris pour un fou. Ou bien pensait-il que nous n'aurions pas compris.

— Le directeur lui tend les liasses. Oscar Rosenbaum ne peut pas les atteindre, il pointe le directeur pour qu'il fasse le tour du guichet et les glisse dans le sac pendu à l'arrière du fauteuil. Aussitôt fait, Oscar Rosenbaum recule vers la sortie, l'arme sur les genoux, et dévale la rue en pente sans que personne l'arrête.

Se mettre tout seul des bâtons dans les roues. Se faire passer pour un infirme en prenant le risque de se faire désarmer ou cabosser par-derrière. Il avait raison, je ne peux pas comprendre ça. L'amour de l'art. J'ai toujours trouvé tout ce folklore ridicule. Moi, j'ai fait la guerre trente ans durant. Tous ceux qui ont vu en moi un truand à l'ancienne m'ont fait parfois plaisir, ça m'a flatté souvent, mais ça m'a surtout bien fait rire. Je n'ai cherché nulle part l'occasion de faire un coup qui ait de la gueule. Je n'ai guetté que l'occasion de gagner beaucoup d'argent très vite, peu importe la manière ou le soi-disant code d'honneur. Je n'ai pas une âme d'artiste.

C'est peut-être aussi pour ça que je n'ai pas mené à son terme le casse de la bijouterie Van Hoppel il y a dix ans, je peux maintenant me l'avouer. Les deux Mercedes dorment toujours côte à côte au sous-sol. Ce coup-là n'était pas digne de moi. Ou l'inverse. Ça aurait foiré. Bancal, de traviole, je me serais fait prendre, je ne suis pas un prestidigitateur. Je suis un homme d'action.

— La police a recherché un handicapé. On a visité les hôpitaux, les pharmacies du secteur, le braqueur au fauteuil avait disparu. Personne n'a jamais soupçonné le marchand d'art bruxellois, bien sûr.

— J'ai fait des braquages lucratifs et rapides sans qu'on me retrouve non plus, j'objecte. À quoi cela sert-il de prendre autant de risques juste pour éloigner l'enquête ?

Elle écarte légèrement les bras.

— Le funambulisme, dit-elle comme une évidence.

J'ai du mal à tenir en place. Je me ressers un verre. Elle se repose contre le dossier du canapé. Elle est amusée.

— Vous êtes jaloux ?

Elle ne se méfie pas le moins du monde. Elle me parle comme à un ami, en confiance. Sa question m'agace mais je passe à autre chose.

— Comment avez-vous su qu'il avait commis ce hold-up ?

— À sa mort, ses coffres ont été ouverts. Divers documents y ont été trouvés, ça m'a d'ailleurs beaucoup aidé pour retracer son itinéraire. Dans celui qu'il avait à la banque centrale de Nice, il y avait le fauteuil roulant, l'imperméable, l'arme et une liasse de billets. Les numéros correspondaient à ceux des coupures dérobées ce jour-là.

J'ai peur de comprendre.

— Vous voulez dire qu'Oscar gardait les preuves de chacun des coups qu'il faisait ?

— Toutes, je ne sais pas. Beaucoup, en tout cas. C'est un travail colossal mais en retournant ses papiers et ses objets dans tous les sens, on peut reconstituer le gros de sa carrière. Il a laissé derrière lui suffisamment de matière pour que je puisse envisager d'écrire un jour son histoire.

Le monde à l'envers. Un truand qui veut se faire prendre. Il n'avait jamais parlé de ça non plus. Paco l'aurait tué sur place.

Je la fixe.

— C'est dans ses affaires que vous avez retrouvé la photo ?

— Oui.

— C'est lui qui avait entouré nos visages ?

— Non. C'est moi.

Je ne touche plus à mon verre, la colère m'immobilise.

— Non, concernant la toile de Costano, Oscar Rosenbaum ne possédait aucun document pouvant vous compromettre, m'assure-t-elle. Il n'y avait que cette photo de classe, c'est moi qui ai fait tous les recoupements. Cela m'a pris des années. J'ai fait des milliers de kilomètres, j'ai passé des milliers de coups de fil, reprend-elle. Je ne peux pas vous dire combien de fausses pistes j'ai pu explorer avant d'être certaine que c'était vous cinq qui aviez fait le coup.

J'accepte de la croire.

— Et comment avez-vous réussi ?

— Le vol de la toile a eu lieu en 1971. À cette époque, les truands ne s'organisaient pas de la même manière qu'aujourd'hui. Ils s'associaient en fonction de leurs origines ethniques ou géographiques. Souvent des copains de quartier, voire d'école. Aujourd'hui, c'est différent, c'est au gré des rencontres et selon les compétences. Quand, en regardant de près cette photo, j'ai cru vous reconnaître, je me suis dit qu'il y avait peut-être une piste.

— Vous m'avez reconnu ?

— J'avais vu des photos prises par la police de Laval quand vous aviez dix-neuf ans, s'excuse-t-elle. Votre premier séjour en prison. J'étais tombée dessus en faisant des recherches sur vous dans le cadre d'un article.

Je me sens rapetisser. Mon histoire du pont de Nantes. Elle connaissait la fin minable, elle m'a laissé dire sans m'interrompre, j'ai été ridicule.

— L'histoire m'a beaucoup plu, précise-t-elle avec un petit sourire.

Elle m'a vu venir depuis le départ, elle connaît toutes mes feintes. J'ai envie de la gifler. Je ne la regarde plus.

— Quand j'ai constaté que Jacques Trassard et Oscar Rosenbaum avaient fréquenté la même classe, j'ai contacté le lycée Malherbe de Montreuil, ils m'ont communiqué la liste des élèves de 1961. J'étais certaine de tenir quelque chose.

Elle reprend son souffle. Moi aussi.

— J'ai vérifié le parcours de tous les garçons scolarisés cette année-là.

— Vous savez, année après année, ce que chacun d'entre nous est devenu ?, je murmure.

— Oui. Les trente apprentis mécaniciens. J'ai commencé par là. J'ai ensuite fait les classes voisines. Au total, j'ai reconstitué le parcours de près de cent cinquante élèves.

— Jusqu'à nos jours ?, j'insiste.

— Oui, rit-elle. C'est ça, être journaliste. C'est explorer tous azimuts. Mais je vous rassure, ça n'est pas toujours aussi difficile. Parfois, on trouve tout de suite. Mais, parfois, c'est compliqué.

Je reprends un verre. J'ai la main plus lourde. Je m'allume une nouvelle cigarette en l'interrogeant du regard.

— Je savais que vous étiez cinq, le cuisinier de Costano avait vu les cinq silhouettes. Oscar Rosenbaum, c'était une certitude. Vous, il y avait de fortes chances vu le parcours que vous avez eu par la suite. Votre frère aussi et pour les mêmes raisons. J'en avais trois. Les deux derniers, j'ai hésité. Paco Mayer est une anguille, sa trace est très difficile à suivre. Son nom apparaît néanmoins dans quelques affaires. Une vraie coïncidence. Quatre truands dans la même classe. Je me suis obstinée, sûre de mon intuition. Et enfin Albert Parmentier. Un casier vierge, un commerçant prospère, pas même un PV. Mais un fils d'ouvrier qui, quelques mois à peine après le vol de la toile, trouve de quoi payer cash un camping face à la mer. Cela m'a pris des années mais j'ai enfin mis des visages et des noms sur cinq silhouettes en train de courir.

Je l'observe du fond de mon canapé. Elle est simple, elle m'expose tout ça sans fierté. Contente d'avoir réussi mais modeste, acharnée mais tranquille. Elle m'épate. Si cette fille avait choisi d'œuvrer dans la truanderie plutôt que derrière un stylo, elle aurait fait des merveilles. Être capable d'autant de persévérance, c'est être capable de planquer des mois entiers pour mettre un coup au point, tout régler au millimètre et disparaître une fois les poches pleines. Elle aurait pu se pavaner toute sa vie le long d'une piscine, se faire conduire à l'arrière de limousines. Elle aurait fait des coups fabuleux.

— Vous gagnez combien ?, je lui demande.

— C'est variable. En gros, dans les trois mille euros par mois.

Ma question l'étonne et je soupire.

— C'est très bien, ajoute-t-elle.

— Non, c'est dérisoire. C'est minable. Je gagne beaucoup plus et je n'ai pas lu un seul livre de ma vie.

— Vous lirez celui que vous m'aurez aidée à écrire.

C'est ça, oui. Je lirai ton bouquin. Pauvre conne. Tu souris, tu ne sais même pas pourquoi. Tu parles avec Jacques Trassard, tu es chez lui, tu te prends pour une dure. Je t'en réserve une belle. Tu veux tout comprendre ? Tu vas être servie.

— Je vais reprendre un verre, dis-je. Vous n'avez pas fini de me raconter. Vous m'avez dit pour votre collègue américain, le mot dans l'entrée, comment on a su que nous étions français. D'un autre côté, comment vous avez trouvé les cinq à partir de la photo, toutes les recherches, etc. Mais il y a autre chose, le lien entre tout ça : comment avez-vous pu être sûre qu'Oscar faisait partie du coup ? Tout à l'heure vous m'avez dit : « Oscar Rosenbaum, c'était une certitude. » Pourquoi ?

— Je vais vous montrer quelque chose, dit-elle en se levant.

Elle aime bien dire ça. Elle doit avoir l'impression de me captiver. Elle va dans la cuisine et revient avec son ordinateur. Elle le pose sur la table devant elle et l'allume, son visage s'éclaire par en bas. Elle fait défiler des pages, elle ouvre différents dossiers. Ses sourcils se froncent parfois, j'imagine les nuits qu'elle a passées dans nos traces à tamiser nos vies.

— Voilà. C'est grâce à cela que j'ai pu remonter jusqu'à vous. C'est grâce à cela que j'ai su qu'Oscar Rosenbaum avait participé au vol de la toile de Costano.

Elle tourne l'écran vers moi, la lumière est vive. Je me penche en plissant les yeux.

Un briquet posé sur un drap blanc. Un briquet scintillant, en or, serti de diamants.

— Le briquet d'Oscar ?

Je lève mes yeux vers elle sans comprendre. Son briquet clinquant, que j'avais remarqué lors de nos rendez-vous.

— Oscar Rosenbaum l'utilisait, oui. Il a été trouvé dans la poche de son costume le soir de l'accident qui lui a coûté la vie. Mais il ne lui appartenait pas. En réalité, c'était le briquet de John Costano.

Une seconde photo fait suite à la première, le briquet sous un autre angle, pris par en dessous. En gros plan. Deux initiales gravées dans le métal, « JC », en lettres majuscules, pour un John Costano au sommet de sa gloire.

Dans la poche d'Oscar.

XV

Jacques

Le whisky commence à cogner. Je le sens parcourir mes membres, je sens mon cœur battre. J'en ai repris un verre pendant qu'elle m'expliquait ce que ce briquet foutait dans les affaires d'Oscar.

C'est la veuve qui en avait parlé. C'est elle, quand elle avait évoqué le vol de la toile, qui avait dit qu'ils s'étaient également fait subtiliser un briquet magnifique ce soir-là. Personne n'y avait prêté attention à l'exception de Mike Hamilton, un joli fouille-merde aussi, celui-là. Personne d'autre que Mike Hamilton n'a songé que ce détail avait peut-être son importance, tout le monde n'a pensé qu'au million de dollars envolé.

Le fait que les ravisseurs aient au passage fait main basse sur un objet si dérisoire avait conforté Chloé Lavigne dans son idée que les cinq hommes n'étaient sans doute pas des pointures. Plutôt de petits malfrats ou bien des débutants.

Aucun de nous n'a jamais su qu'Oscar avait volé ce briquet. Je ne sais pas quand il l'a pris, d'ailleurs. Dans le salon, peut-être, quand je décrochais la toile, ou dans l'entrée, personne ne l'a vu. Et Oscar qui allumait ses Dunhill en nous le fourrant sous les yeux sans qu'on soupçonne rien, comme un pied de nez à nous aussi. L'enfoiré. Oscar qui pique le briquet de Costano comme s'il baisait sa femme ou portait ses costumes. Nous qui rasions les murs quand lui affichait au grand jour sa culpabilité dans l'indifférence générale. Funambule. Tu parles. Un petit voleur à la tire, c'est tout. Je suis sûr que c'est lui qui avait dragué la femme de chambre. Pas d'espièglerie là-dedans, pas de blague ou de filouterie, juste un voleur, un petit mec qui meurt d'envie de séduire, qui joue avec le feu sans rien comprendre aux risques qu'il encourt, un débile.

Il n'y a que Chloé Lavigne qui ait fait tous ces rapprochements. Il n'y a qu'elle qui ait eu assez de ténacité pour en arriver là. Mais ç'aurait pu se passer autrement. Oscar aurait pu vendre la mèche de mille façons différentes, Dieu sait en combien de circonstances il exhiba ce briquet. J'imagine même le nombre de fois où le bel Oscar a fait allusion à Costano dans les dîners mondains, a étalé sa culture, le sourire en coin, et mis les pieds dans le plat.

S'il savait que Chloé Lavigne lui consacre un ouvrage, il triompherait entre ses quatre planches. Les lauriers définitifs, son entrée dans l'histoire, sa carrière couronnée. Moi aussi j'ai été flatté quand j'ai cru qu'elle écrivait sur moi. Puis une pointe d'amertume, voire de vexation quand j'ai appris que ça n'était pas le cas. Un peu de jalousie, peut-être. Mais rien à voir avec lui. J'ai pris les honneurs quand ils se présentaient mais je n'ai pas couru après, je n'ai pas semé les indices en chemin pour qu'on me prenne pour une star. Au contraire. Ce que j'ai voulu et ce que je veux encore, c'est être caché. Loin des lumières pour mener mes affaires. Rien à foutre d'entrer au Panthéon. La visite de Chloé Lavigne et ces deux jours de confession me suffisent, tant que rien ne sort de mon salon. Pas la peine de voir mon nom dans les kiosques.

— À quoi pensez-vous, là, tout de suite ?, sourit-elle.

— À reprendre un verre.

Elle me regarde me servir. Je force la dose.

— « À quoi pensez-vous, là, tout de suite ? », vous parlez de cette émission. Vous savez que la fille habite Rennes, sur ces quais…

— Oui, oui. On ne peut pas y échapper.

J'ai fait un geste vague pour situer le secteur, elle a acquiescé d'un air entendu, un petit sourire aux lèvres.

— Désolé d'avoir posé cette question, oubliez-la, soupire-t-elle. L'image qu'on donne du journalisme, ça me révulse.

Pauvre petite. C'est vrai qu'on est à l'opposé de sa façon de faire. Ses milliers d'heures de travail réduites à néant. Des reportages de trois minutes filmés par des écervelés qui, il y a encore trois semaines, poussaient les caddies sur des parkings. Bombardés journalistes du jour au lendemain pendant qu'elle passe la poussière au tamis depuis des lustres, précise, maligne, opiniâtre. Je comprends. Je comprends mais j'insiste.

— Je vois quand même un rapport entre cette émission et nous.

Elle est à deux doigts de s'énerver mais elle me laisse dire.

— Le rapport, c'est la célébrité. C'est un sacré paradoxe, non ?

Je prends une belle gorgée. Le whisky est ma drogue favorite. Le whisky me donne le sens des priorités. Le whisky me rend fou. Elle ne le sait pas mais j'ai bu tous ces verres ce soir pour préparer le final, pour décupler mes forces et n'avoir aucune faille. La chaleur m'envahit doucement depuis tout à l'heure, je serai bientôt capable de tout. J'avale et savoure cette chaleur qui coule dans mes veines.

— La célébrité et l'anonymat, je reprends. Tout est là. Oscar voulait sa part. C'est après ça qu'il a couru. Être reconnu, qu'on le prenne pour un as, qu'on sache à quel point il était fort.

Elle approuve. Je bois une autre gorgée.

— C'est quand même mal foutu, tout ça. Les gamins, dans cette émission, veulent à tout prix être célèbres. Peu importe comment. Ils n'ont rien fait de leur vie mais ne rêvent que des spots et des podiums. Et moi, en face, qui ai fait deux ou trois choses qui méritent qu'on s'y penche, moi qui pourrais me retrouver sur le devant de la scène un instant, au contraire, je ne recherche que l'ombre. C'est dommage, non ? Je ne souhaite que l'anonymat et ferai tout pour le préserver. Eux ne veulent que la lumière et feraient tout pour s'y mettre. Dans le fond, chacun envie la place de l'autre.

Elle soupire, un peu résignée mais pas désespérée. Elle écoute et relativise.

— Vous savez, ce qui me révulse dans cette émission, c'est l'image qu'on donne du journalisme, dit-elle. L'envie d'être célèbre, c'est un autre sujet. Et ça n'est, à mon avis, pas si grave que vous semblez le penser. En effet, c'est un rêve assez absurde. Pas de talent particulier, pas de travail, juste une présence sur l'écran pour être adulé. Ou détesté, d'ailleurs, et sans réponse possible puisque les sentiments des téléspectateurs ne reposent sur rien de tangible. Mais ça n'a pas vraiment de conséquence, au final. Portés au pinacle puis jetés à la rue. C'était déjà le cas dans les années soixante, tous ces chanteurs aux carrières de deux mois, juillet-août en plein soleil puis retour à la vraie vie, un quarante-cinq tours et c'est fini. La télé est plus puissante, elle peut toucher tous les foyers, c'est immédiat. Mais il faut juste se dire que la célébrité n'a désormais plus le même sens que jadis. La définition a évolué.

Elle me parle doucement. Elle me dit que le monde change, qu'il ne faut pas s'offusquer, que ces carrières éclairs, ces minutes de gloire, ne méritent pas que l'on se mette en colère. Que ça fait partie de la vie qui nous entoure. Je ne l'écoute presque plus. Elle n'a rien compris. Elle ne m'a pas écouté. Le whisky m'imprègne, la vague est lente et sûre. Je la laisse finir mais ses discours me passent au-dessus. J'écrase ma cigarette, je me lève.

La chaleur me parcourt d'un coup tout entier, le rouge me monte aux joues. Je sens mes bras qui palpitent. Elle se lève aussi, elle s'étire.

— Il doit être très tard, souffle-t-elle.

Un air apaisé sur ses traits, une moue douce et réjouie, une soirée qui se termine.

— Être célèbre, de nos jours, ça ne veut plus dire grand-chose, c'est tout, conclut-elle.

Elle se tourne vers moi, un vague sourire de connivence. Je l'arrête d'un mouvement de menton.

— Vous n'avez pas compris, je lâche.

Elle met les mains dans ses poches, elle attend la suite mais je ne dis rien.

— Vous n'avez pas écouté ce que je vous ai dit, je martèle un peu plus fort en serrant la main dans mon dos.

Elle fronce les sourcils sans comprendre. Elle est à mille lieues de s'imaginer que mon poing va lui fracasser le nez dans une seconde, qu'elle va s'écrouler dans un hurlement de frayeur et que je vais la faire taire. Elle ne voit rien venir de la violence dont je suis capable. Elle ne sait pas encore qu'elle s'est trompée depuis le début sur mon compte.

XVI

Jacques

Elle est morte. Je viens de tuer Chloé Lavigne. Elle gît dans le salon, une mare de sang, elle baigne dedans, les cheveux collés. Elle s'est débattue comme une lionne mais elle n'a rien pu faire, je l'ai frappée dans le foie, en plein visage, je me suis assis sur elle, j'aurais pu l'étrangler. Elle s'est agrippée à ma chemise, elle avait les yeux écarquillés, elle a fini par lâcher prise. Je l'ai traînée près de la cheminée, elle haletait, elle avait cessé de crier. Je lui ai tenu le menton, un genou sur son ventre.

J'ai répété qu'elle n'avait rien compris, rien écouté, j'ai dit que je n'avais rien à foutre de cette émission, ni d'elle ni du journalisme. Elle tremblait de tous ses membres.

Moi le truand à la retraite qui vit de ses rentes et dont la tête est toujours mise à prix. La seule chose que cette petite conne n'avait pas prévue, c'est que je suis encore prêt à tuer pour protéger tout ça, rester dans l'ombre et finir mes jours tranquille. Pas un instant cette petite conne n'a songé que je pouvais être plus déterminé qu'elle, plus tenace ou plus violent. Pas un instant elle n'a pensé que je pouvais l'attraper, elle et ses archives, et tout faire disparaître. À aucun moment elle n'a envisagé que sa visite incognito chez moi pouvait se retourner contre elle de cette manière.

Personne ne sait qu'elle est ici, elle me l'a dit. Depuis deux jours, elle n'est pas sortie. Je n'ai pas fait de courses pour deux. Le facteur ne l'a pas vue. Elle s'est montrée discrète pour gagner ma confiance, elle a aussi tout fait pour me faciliter la tâche.

J'ai tenté la manière douce, le charme, la connivence, le bluff, j'ai essayé de la perdre en route, je me suis aussi risqué dans sa chambre pour fouiller dans ses affaires, pas d'autre issue possible que la violence, pas d'autre solution que de la frapper, la maintenir contre la brique pour la faire parler, lui faire cracher sa doublure, le secret de sa protection. Elle a bafouillé un nom, j'ai resserré la main sur ses joues rouges, elle a répété, elle avait de grosses larmes qui coulaient vers sa bouche.

Maître Martineau, notaire à Fécamp. Sa ville de naissance, elle m'a dit. J'ai pris son téléphone dans la poche arrière de son pantalon, je lui ai tendu pour qu'elle me trouve son numéro, elle l'a manipulé d'une main fébrile, nerveuse, elle pleurait, je lui ai mis une gifle et l'ai reprise par le cou. J'ai appuyé plus fort sur son ventre, elle s'est étouffée. Je lui ai demandé si elle mentait, elle m'a juré que non, elle aurait fait n'importe quoi.

Je me suis relevé. Je me suis allumé une cigarette en la regardant. Elle sanglotait, recroquevillée sur le carrelage, elle se cachait le visage avec un bras. J'ai repris un whisky, une gorgée, d'un trait.

Elle n'avait rien prévu du tout. Une enveloppe cachée quelque part pour forcer Jacques Trassard à la confidence. Sans soupçonner que je pourrais la faire parler, sans supposer une seconde que je pouvais sortir de mes gonds pour protéger mon calme. Elle ne s'est doutée de rien. Dans un article, elle avait dit que mon air dur n'était jamais bien loin malgré mes bonnes manières. Elle s'est crue plus maligne. Une enveloppe chez un notaire.

Je me suis rapproché d'elle, je lui ai soufflé la fumée au visage. Elle m'a supplié, elle a pleuré encore, elle m'a juré qu'elle ne dévoilerait rien, qu'elle renonçait à son livre sur Oscar, qu'il fallait que je la laisse vivre et repartir, elle m'a promis de se taire toujours. J'ai plaqué ma main sur sa bouche pour lui imposer le silence. J'ai serré sa mâchoire en même temps que la mienne. La sueur me coulait du front. Elle avait l'air d'une bête traquée. J'ai resserré mon emprise.

— Je vais appeler Paco Mayer. Son numéro n'est nulle part dans cette maison, celui d'Albert non plus, je les connais par cœur. Le lien entre nous, il est là, j'ai dit en me tapant le crâne. Et je vais donner à Paco l'adresse et le nom de ce notaire. Je vais lui dire que j'ai besoin de son aide.

Elle m'écoutait, terrorisée, j'ai écrasé ma cigarette par terre, juste à côté de sa joue.

— Les gars de Paco couvrent la France entière. En quelques heures, ils seront chez maître Martineau, ils défonceront les portes et le coffre, ils trouveront votre enveloppe et la brûleront. Et moi, je ferai disparaître votre corps.

Elle a voulu crier mais je l'en ai empêchée, j'ai appuyé sur son plexus, elle est devenue livide. J'ai pris son téléphone et j'ai appelé Paco sous ses yeux effrayés.

Il a décroché tout de suite. Paco ne dort jamais. Première fois en trente-neuf ans mais il n'a pas semblé surpris que je l'appelle. J'ai été bref. Je lui ai donné l'adresse, le nom du notaire. Il ne m'a pas fait répéter. Il m'a dit que le numéro s'était affiché, qu'il me rappelait pour me prévenir de la suite et nous avons raccroché. Chloé Lavigne m'a regardé faire, j'ai vu la terreur traverser son regard, l'efficacité qui se resserre sur elle comme un étau.

Je me suis relevé, j'ai mis le portable dans ma poche, j'ai fait quelques pas en reprenant mon souffle. J'ai écarté les bras devant elle, j'ai parlé tout seul, je l'ai insultée et moi avec, je me suis roulé dans la fange en lui disant qu'Oscar était le meilleur d'entre nous. Bien sûr.

Le plus intelligent, le plus drôle, le plus beau, j'ai vomi ma honte, j'en ai voulu à la terre entière de n'avoir été qu'un truand, même chez les grands. Je lui en ai voulu à elle d'avoir mis ses doigts là-dessus, ses beaux doigts tout fins pour que je me sente minable, petit, pour que je me dise en face que ma vie n'avait aucun éclat, que je n'avais pas de talent, que j'étais un parmi tant d'autres malgré toutes mes tentatives. Oscar le magnifique, qui m'exaspérait tant j'avais l'impression d'être un pantin face à lui. Sa splendeur me sautait à la gorge et me disait combien j'étais terne. Rien à voir avec la réussite, aucun rapport avec l'argent, j'ai juste vécu dans son ombre. J'ai cru oublier, me faire une place plus loin, belle aussi et confortable. J'ai même cru que sa disparition m'apaiserait pour le compte.

Moi, au moins, je vivrais vieux, une dernière excuse, un lot de consolation dérisoire. Tout ça pour que son souvenir me poursuive, que cette petite conne vienne me secouer un matin et agiter de nouveau sous mes yeux sa virtuosité, qu'elle me ramène à ma petite condition, juste un de ceux qui ont eu l'honneur de croiser le seigneur en personne et de s'asseoir à sa table, l'admirer de près, sentir sa chaleur et sa classe.

— Évidemment que je suis jaloux !, j'ai crié. Évidemment que j'aurais voulu être comme lui ! Évidemment que je suis un minable !

Je ne sais pas si elle m'écoutait, si elle m'entendait encore, j'ai parlé longtemps, j'ai clamé plusieurs fois qu'elle avait droit à mon ultime confession, qu'elle voulait tout savoir et que je lui disais tout. Je lui ai donné plusieurs coups de pied, j'ai cogné contre la table basse, les chocs martelaient mes paroles. J'ai tombé tous mes masques, je lui ai hurlé ce que je n'ai jamais dit à personne, je lui ai avoué que seule la peur avait guidé mes pas, ma vie durant, la peur du vide, la peur de manquer, la peur d'être découvert, pendant qu'Oscar faisait rêver les filles.

— Ça fait quarante ans que j'ai la trouille ! C'est ça, que tu voulais entendre ? !

Je l'ai attrapée par une épaule, je l'ai tirée vers le milieu de la pièce en l'injuriant à nouveau.

— Truand à l'ancienne, tu parles ! Tu veux savoir ? Je suis un truand à l'ancienne parce que je ne suis plus d'aujourd'hui, c'est tout ! C'est fini !

Elle geignait de douleur et d'effroi, je lui ai dit que j'allais fêter ma mise à nu devant elle, je me suis repris un grand whisky, j'en ai versé sur sa bouche, l'alcool a brûlé ses plaies, elle a hurlé.

Il s'est passé plusieurs heures. J'ai fini la bouteille au goulot, je l'ai lancée par terre, elle a éclaté près d'elle, elle a sursauté encore, faiblement, au bout du rouleau. Elle a voulu plusieurs fois parler, je lui ai ordonné de se taire, elle ravalait ses larmes en plissant les yeux, tétanisée. Je faisais de grands pas autour d'elle en silence, de grands zigzags durant lesquels je me retenais de lui broyer le visage au milieu des tessons.

Et puis Paco m'a rappelé. Ses gars avaient l'enveloppe, c'était fait. Je lui ai demandé de l'ouvrir, de tout me lire mais il n'a pas voulu. Il ne voulait pas savoir. Je lui ai dit de tout brûler mais il a refusé.

« Les gars te l'apportent. Ils seront chez toi ce soir à minuit. »

On a coupé. J'ai regardé Chloé Lavigne et j'ai soufflé de hargne devant son air de petite fille. J'ai entamé une nouvelle bouteille, j'ai pris une grande rasade en respirant à fond, je l'ai posée brusquement sur la table. J'ai pris son ordinateur et son dictaphone, je les ai lancés dans la cheminée, ils ont explosé contre le fond. Elle m'a vu mettre le feu sans réagir, ses grandes feuilles blanches froissées, une allumette, des flammes vertes et une odeur acide, j'ai ouvert la trappe, j'ai jeté son téléphone aussi, toute sa vie qui disparaît, qui commence par fondre avant de s'embraser vraiment. J'ai versé du whisky, j'ai soufflé comme un dément, j'ai titubé vers elle et l'ai traînée par les cheveux jusqu'à l'âtre, qu'elle voie de près le résultat de ses recherches si précises, qu'elle sente le poids de cette fumée si légère et si noire.

Elle a voulu dire quelque chose et je l'ai giflée encore.

— Plus la peine de parler, j'ai dit. J'ai ton enveloppe et tes preuves, personne ne sait que tu es là !

Elle a tenté de répondre, de balbutier je ne sais quoi mais mon poing l'en a empêchée, je l'ai forcée à la fermer pour de bon. Je la tenais par le cou, de l'autre main j'essuyais mon front dégoulinant de sueur. Il était 6 heures du matin.

J'ai attrapé sa tignasse brune par l'arrière, au-dessus de la nuque, j'ai fait faire de petits allers-retours rapides à sa tête, près du rebord de la cheminée en mesurant mon geste. Elle a soufflé très fort, un rugissement, elle a rassemblé le peu qu'il lui restait de vigueur pour crier quelque chose, un râle auquel j'ai coupé court d'un mouvement brusque. J'y ai mis toute ma force. Son crâne a cogné contre la brique. Trois chocs au total et le dernier plus sonore. Du sang qui s'écoule le long de son oreille droite et son corps qui se dégonfle.

*

Dans à peu près trois heures, mon pote le facteur va passer. Je serai dehors, ma tasse fumante à la main. Je vais lui en proposer une, il refusera poliment. Puis il ira chez mon voisin et sa famille modèle.

Ce soir, les gars de Paco me remettront l'enveloppe et repartiront.

Demain, je ferai disparaître le corps de Chloé Lavigne. Un puits asséché près d'Angers. Je l'ai repéré il y a longtemps. Une ferme à l'abandon, un trou de vingt mètres dans le sol à l'abri de tous les regards, la planque idéale. Un sac de chaux vive.

Dimanche, je serai de nouveau le petit vieux tranquille que je suis depuis dix ans. J'irai peut-être au restaurant, anonyme et courtois. Mike Hamilton donnera l'alerte, ils chercheront partout la brillante journaliste, rien, rien nulle part. J'aurai vidé ma cheminée des résidus calcinés de son matériel sophistiqué, j'aurai tout jeté dans une poubelle du centre-ville, plus aucune trace de son passage à Rennes. Je prendrai des huîtres.

Dimanche, je serai un retraité sympathique et aisé. Je saluerai mon petit voisin par-dessus la haie bien propre, rien n'aura bougé dans le quartier depuis des semaines. Je laisserai un pourboire aux serveurs.

Personne ne viendra plus troubler mon existence. Lavé, lisse et distingué. Costano frère pourra continuer de se ronger les ongles.

XVII

Jacques

Je n'ai pas retouché au corps, j'ai tout laissé comme ça. Le sang s'est répandu sur le sol parmi les débris de la bouteille et je me suis endormi après le passage du facteur, enfoncé dans un fauteuil face à elle, les bras sur les accoudoirs, la tête en arrière.

La pénombre s'est diluée dans la journée, le jour s'infiltrait sous les volets. J'ai fait des rêves étranges, j'ai frissonné plusieurs fois dans un demi-sommeil, Oscar qui nageait dans une piscine argentée, il sortait de l'eau, sec et coiffé, il ne me reconnaissait pas et se mettait à peindre. Je ne sais pas où nous étions. Chloé Lavigne riait aux éclats face à mon hébétude, étendue dans une chaise longue. Jean et elle s'embrassaient, je n'existais pour personne, je criais que je me noyais, il n'y avait soudain plus d'eau, je marchais sans trouver l'échelle. Un goût de plomb, du soleil et des frissons, des vêtements trop grands.

J'ai sursauté vers 19 heures, trempé de sueur, des courbatures et la bouche engluée. Je me suis redressé, je me suis massé le cou, le soleil avait tourné. Les deux lampes toujours allumées diffusaient une lumière douce, le sang par terre avait une teinte brunâtre. J'ai marché jusqu'à la cuisine, j'ai bu deux grands verres d'eau en m'appuyant sur l'évier. Je suis allé me doucher.

J'ai pris mon temps, les yeux ouverts, j'ai revu des images d'hier et du petit matin qui se mélangeaient à mes cauchemars et les hurlements de Chloé Lavigne et plus rien. Le silence. Le calme intégral, comme toujours après un meurtre. Je me suis habillé de neuf et suis allé dans sa chambre. La lumière était allumée, j'ai rassemblé ses affaires dans son gros sac, j'ai éteint et suis redescendu doucement tout brûler dans la cheminée.

J'ai mangé en silence sur la table de la cuisine. Son sachet de thé dans le cendrier. J'ai écrasé ma cigarette dessus en buvant un café. Il était 21 heures. Les gars de Paco devaient être en chemin. Trois heures à patienter, avant de découvrir sa maudite enveloppe. Maître Martineau avait dû découvrir son office éventré, il devait encore être sur place à constater les dégâts, tenter d'inventorier ce qui manquait ou évaluer les travaux.

Je suis allé dans le salon. J'ai repris ma place dans le canapé, le grand, et j'ai attendu.

Minuit moins dix. Je viens de reprendre un café et la sonnette retentit, un coup bref qui rompt l'attente. Je pose ma tasse et marche vers la porte. Une fraction de seconde, je songe que ça n'est peut-être pas eux, je ne sais pas, mon petit voisin et sa famille modèle, un problème ou la police, quelqu'un qui aurait entendu ses cris hier, tout se bouscule, un doute mais j'ai déjà la main sur la poignée, pas de temps à perdre, j'ouvre.

La lumière m'aveugle. Un spot en pleine face et deux silhouettes devant, je mets ma main en visière en reculant d'un pas, ils pénètrent à l'intérieur. Ils sont quatre. Le dernier tient une caméra sur son œil, munie d'un projecteur criard, il filme leur entrée chez moi, il est hilare. Un autre referme à double tour sans rien me dire.

Parmi eux se trouve un géant, une brute de deux mètres, vingt ans à peine. Il se tient sur ma droite, comme prêt à bondir. Le quatrième est devant, plus âgé, c'est lui le chef. Une grosse balafre lui parcourt le visage. Brun, la peau tannée. Je ne vois qu'un œil de celui qui filme, un œil de verre qui lui donne un regard de fou, grand ouvert et aveugle. Il contourne les autres pour ne rien louper de la scène, il continue de rire de mon étonnement. Ils portent des gants. Ils n'ont aucune enveloppe en main.

— Qu'est-ce que ça veut dire ?, je demande.

— Paco veut voir.

Je ne sais pas de quoi il parle. Il a un accent dur, il parle vite, il mord ses mots. Il me dit que Paco a ouvert l'enveloppe, qu'il a lu et brûlé les papiers. Son ton est accusateur, je veux lui demander de quoi il s'agit mais le colosse me lance une gifle foudroyante, je m'écroule sur la table basse sans rien retenir et le caméraman se tape sur une cuisse pour applaudir. Je rampe, il s'approche et me filme en gros plan, je saigne du nez, le chef lui dit de se reculer. Ils bougent à mon rythme, en arc de cercle devant moi, aucune chance de fuir.

Je me relève. Je pense à mon revolver caché au sous-sol et que je n'ai pas touché depuis dix ans, trop tard. Plus d'autre solution que de plaider ma cause devant ces fous furieux, même si je sais que c'est inutile. Ces gars-là sont trop durs, leur cervelle est trouée, c'est Paco qui les forme depuis le berceau. Pas un millimètre de jeu, nés pour obéir aux ordres du patriarche.

— Laissez-moi appeler Paco, je dis. Je vais lui parler, je vais lui expliquer.

Je réalise soudain que Paco n'est pas loin, Perpignan-Fécamp, puis Fécamp-Perpignan, et enfin Perpignan-Rennes, presque trois mille kilomètres, tout ça en quinze ou dix-huit heures. C'est impossible. Paco est avec eux, il attend à l'arrière de la voiture, il est là, dehors.

— Paco, il parle pas. Tu veux balancer. Il sait tout.

— Mais non !, je crie.

Le géant me frappe à nouveau, encore plus fort que tout à l'heure. Je bondis en arrière en m'effondrant sur le flanc, ma tête heurte le sol.

— Laissez-moi le voir, je bredouille. Regardez, elle est morte !

Je tends le bras vers elle et la douleur m'anéantit. Je suis affalé par terre, son sang tout près du mien.

— Paco croit que je veux parler, tout raconter ? Mais regardez, regardez ! C'est pour ça que j'ai appelé Paco !

Le balafré s'approche, il se penche sur moi. Le quatrième est en retrait, il surveille les alentours. Le colosse est prêt à me casser la nuque d'un coup de pied. Celui qui filme rigole toujours. J'ai peur.

— Paco, il pense que tu veux tout raconter quand même. Paco, il dit que tu es dangereux.

La parano de Paco plus forte que notre amitié, j'essaie de trouver les mots mais je n'y parviens pas. Trop tard pour jouer les tendres, ses gars vont m'achever, lui apporter la bande, la preuve de ma mort. Il va me voir pleurer, il va sans doute rire, ou même pas, juste classer l'affaire. Trop tard pour m'en vouloir. Je m'y suis mal pris. Je me suis confessé hier. Je vais mourir un vendredi soir à soixante-quatre ans, Paco l'a décidé, certain que je suis sur le point de les trahir, que je céderai tôt ou tard au charme des paillettes. *Be sure you'll die for that*, il avait raison, c'est à cause de ce coup que je vais y passer, trente-neuf ans plus tard, c'est un de mes complices qui va m'abattre.

Il est minuit vingt. Au total, j'ai tué six personnes, dont une femme. J'ai deux Mercedes et des immeubles à la Défense, aucun regret et un enfant quelque part. J'ai tout raconté à Chloé Lavigne avant de lui broyer le crâne. J'ai fait une belle carrière.

Je vous emmerde tous.

XVIII

Yvan

Le bar est bondé. Les trois gars qui buvaient des petits verres hier soir sont à nouveau là. Aujourd'hui, ils sont à la bière, un peu plus calmes. Je suis sorti sans que personne ne le remarque. La musique couvre le brouhaha. Le patron s'affaire au comptoir. Marine n'a pas vu que je m'absentais, elle court dans tous les sens.

Je suis allé chez elle, j'ai pris le sac que j'avais glissé sous le lit, mes affaires, et je suis ressorti vite. De la cabine, j'ai appelé chez les parents de Gaëlle. Je me suis répété le numéro toute la journée, je l'ai composé d'une main tremblante, le combiné contre mon oreille. Chaque sonnerie m'a serré le ventre, une dizaine au total, entrecoupées de silences interminables. Je flageolais. J'ai redouté qu'ils décrochent, j'ai aussi redouté qu'ils ne décrochent pas. Personne. Plus le choix, pas d'excuse. Aucune lueur derrière les volets clos.

Je reviens sur mes pas, je repasse à proximité du Dolmen, des éclats de rire me parviennent. Je ne me retourne pas. Je marche droit devant. Je franchis le pont dans la pénombre, je regarde le 126. Le bruit diminue à mesure que j'avance.

Maintenant je m'entends respirer, j'ai le souffle court. Ma mâchoire tremble et j'ai la main crispée sur mon sac. J'ai peur. Je relativise comme je peux. Je tente de me calmer, de prendre une grande inspiration sans ralentir.

Je me suis répété plusieurs fois aujourd'hui que ce que je m'apprête à faire n'est exceptionnel que pour moi. Des centaines ou des milliers de cambriolages ont lieu tous les jours en France. Chacun connaît au moins une personne à qui c'est arrivé, une porte fracturée, tous les placards ouverts, le magnétoscope et la télé disparus, des vêtements sur le sol et tous les papiers dispersés. Des butins dérisoires, des criminels de seconde zone un peu paumés. Pas même un entrefilet dans le journal. Deux jours après, la porte est neuve, le matériel est remplacé, la vie reprend son cours. Une petite angoisse au beau milieu de la nuit, peut-être, un bruit soudain suspect. Mais la crainte s'estompe, le sommeil revient. Le souvenir du cambriolage s'efface, plus rien de choquant.

Ce que je m'apprête à faire n'est pas grave. Je suis sur le point de commettre un crime insignifiant. Un infime forfait qui n'intéressera ni les inspecteurs ni personne, une petite incursion dans l'intimité d'une famille, quelques pas dans le noir jusqu'à la chambre, un vol ridicule, une poussière dans les archives de la police rennaise. Je me répète ces phrases en boucle sans parvenir à me convaincre. La maison approche, je suis certain de ne rien avoir à craindre ni dedans ni dehors, je suis malgré tout tétanisé. Mes semelles claquent sur le bitume à chacun de mes pas. J'ai les jambes raides. Je n'ai jamais rien volé de ma vie. Encore moins chez quelqu'un. Je n'ai jamais pénétré de nuit dans une maison qui n'est pas la mienne. J'ai peur. Je me raisonne en songeant que le danger vient de moi, que *je* suis le cambrioleur, la menace, et que je ne risque rien.

Je contourne la première maison, je me presse, je respire vite. J'arrive dans l'allée de l'arrière. Trois réverbères, trois halos de lumière jaune, pas un bruit. Personne. Je progresse en me tenant le plus possible dans l'obscurité, je guette le moindre mouvement mais rien ne bouge autour de moi. Aucune fenêtre éclairée. Les maisons sommeillent, alignées dans la nuit. Le 126 aussi, qui se trouve à cinquante mètres à peine.

Plus je m'en approche et plus je me sens fort. La détermination augmente. Il n'y a pas d'autre solution. J'ai préparé mon coup, envisagé les différents cas de figure. Je suis équipé. L'adrénaline. Bientôt, tout sera réglé.

Je me colle à la porte du garage. Je suis dans le noir presque total, invisible dans mes habits sombres. Je pose le sac à terre, je l'ouvre, j'y prends mes gants, je les enfile. La bombe lacrymogène, la lampe torche et le pied-de-biche. Je ne tremble plus. Je referme mon sac à dos, je le mets. La bombe dans la poche. Je tiens le pied-de-biche en main, je suis debout, la lampe à mes pieds. Un regard alentour. Un frisson, un dernier rempart que je franchis en prenant mon souffle et je me jette dans le vide.

La première tentative taille une encoche dans la porte coulissante. Elle bouge en entier. Je réitère au même endroit, je fais levier de toutes mes forces, un coup bref et puissant qui s'accompagne du bruit du bois qui craque, une charnière qui lâche. Un pan qui s'offre en silence et le garage qui s'ouvre.

Je pénètre dans l'obscurité doucement, sur la pointe des pieds. Je repousse la planche éclatée derrière moi, je referme tant bien que mal. Le grincement est plus faible. Il fait frais, une odeur de ciment. J'allume ma lampe, je voudrais qu'elle soit faible et timide. L'ampleur de l'illumination me surprend, je serre la main mais me concentre. Je promène le faisceau, deux voitures côte à côte, je tressaille à nouveau, le doute, mais j'ai confiance. Les parents de Gaëlle ne sont pas là. On est vendredi. Personne n'a répondu au téléphone. Je suis seul. Et je dois faire vite.

Je trouve la porte qui mène à l'étage. Je l'ouvre sans un bruit. L'escalier grimpe tout droit, une autre porte là-haut. Et derrière, la maison, un salon, une cuisine, des chambres, des objets, des photos, toute une vie. Je suis farouche mais sûr de moi, pas fier mais prêt, je me répète que je suis seul et que cinq minutes suffiront. La première marche est la plus dure, je prends la bombe lacrymogène en posant le pied sur la deuxième, j'enchaîne, je grimpe doucement en m'agrippant à ma torche vacillante. Pas un bruit derrière, ni devant. Juste mon souffle court et le frottement de mes semelles, le faisceau de ma lampe qui balaie les murs de pierre, un triangle de lumière au bout duquel m'attend cette seconde porte.

Je n'ai plus le temps de réfléchir. Je tiens ma bombe dans la main gauche, à hauteur d'homme. De la droite, je libère deux doigts pour enserrer la poignée. Je l'actionne. La porte s'entrebâille. Je reprends ma lampe en main, le faisceau devant moi. Je pousse du pied doucement. Et la porte m'échappe, quelqu'un l'ouvre brusquement dans un cri rauque, je bondis sur place, je tombe à genoux en criant, le poing d'une silhouette immense me passe au-dessus de la tête. Dans un sursaut, j'empoigne la bombe lacrymogène et asperge à tout va vers le ciel. Mon agresseur s'époumone en portant les mains à son visage, il chancelle en arrière et je me relève, je lui envoie de toutes mes forces un coup de pied qui atterrit vers son ventre, il s'écroule tandis que deux autres gars bondissent, un chat noir détale entre mes jambes, j'appuie sur ma bombe comme un forcené, tétanisé, je hurle. Par terre, il y a deux cadavres en sang. Derrière, il y a un quatrième, il tient une caméra, il filme toute la scène. Ils ont des yeux de chiens enragés, je fuis dans l'escalier, je dévale les marches en continuant de vider ma bombe derrière moi, je pleure, je loupe les dernières marches, j'atterris contre une des deux voitures mais me redresse à temps, ils font irruption dans le garage quand je parviens à en sortir, une détonation claque, je cours, je cours comme un dératé sans me retourner, au milieu de la rue. Tout se bouscule sous mon crâne, je suis en plein cauchemar, une tuerie, du sang sur les murs, des morts et ces quatre gars qui veulent me tuer, la caméra.

Ils m'ont lâché. Je cours seul dans la nuit, je ne me calme pas, je puise dans toutes mes réserves, à bout de forces et possédé. Je veux m'éloigner le plus possible de ces visions d'horreur. Je pleure. Je cours dans les rues de Rennes. Je veux échapper à mes poursuivants, oublier ces deux secondes d'horreur et partir loin d'ici.

XIX

Yvan

Je n'arrive pas à reprendre mon souffle. Je suis dans le noir, sous une porte cochère. J'ai des frissons sur tout le corps, je grelotte et transpire, j'ai des sueurs froides. Les yeux de ces gars m'obsèdent. La vue des deux corps en sang sur le sol, l'autre et sa caméra, son œil de verre. Je veux disparaître.

Je ne peux pas rester là, attendre que le jour se lève. Je dois bouger. Je dois repasser chez Marine récupérer ma Carte Bleue, il est peut-être encore temps de sauver quelque chose, de m'évaporer dans la nature sans rien lui dire, qu'elle n'ait pas la moindre idée de ce que je viens de vivre, elle ne connaît même pas mon nom. Partir loin. Je suis incapable de la moindre décision. Rester anonyme. Personne ne peut me soupçonner. Je n'ai rien fait. Je suis étranger à cette tuerie. Il faut seulement échapper à ces fous furieux. J'essaie de me calmer, de revenir à moi. C'est impossible.

Leurs visages sont gravés dans mon cerveau. Bruns, la peau tannée, jeunes. Ils ont crié quelque chose mais je n'ai rien compris, je crois que le caméraman s'appelait Rouge, c'est ce qu'a dit l'autre, il lui a dit de me filmer. Des Gitans. Je ne comprends rien. C'est allé trop vite et ça m'a paru interminable.

Ils ont mon visage sur la bande. J'ai vu ce qu'ils ont fait, ils sont capables de tout. Un fourgon de police est passé tout à l'heure, j'ai failli demander de l'aide mais j'ai gardé le silence, je me suis blotti derrière une voiture. Je n'avais rien à faire dans cette maison. Je n'avais pas le droit d'en fracturer la porte et de pénétrer à l'intérieur en pleine nuit, peu importe ce que j'y ai découvert. Je ne peux compter que sur moi. La police est mon ennemie aussi. J'ai eu raison.

Cela fait une demi-heure que je grelotte dans l'obscurité, je tente de rassembler mes esprits. Je sors tout doucement sur le trottoir comme on entre dans l'arène, guettant le danger qui peut surgir. Je marche le long des façades, je tourne la tête. Il faut que j'aille chez Marine. Je dois faire bonne figure, inventer un bobard, je vais lui dire que j'ai appelé mon frère et que la discussion a traîné. Je marche vite. Il faut qu'elle me croie.

Je ne sais pas où je suis, j'ai beaucoup couru. J'arrive près d'une station de taxis, deux chauffeurs discutent à côté des voitures. Je voudrais leur demander mon chemin mais je me fais tout petit sur le trottoir d'en face. J'ai l'impression d'être en sursis, que ma vie ne tient plus à rien. Je croise un horodateur, il est une heure et demie du matin. Personne ne doit me voir. Je peux encore arriver chez Marine sans qu'elle me pose de question. Je reconnais bientôt une place. Je ne suis plus loin.

C'est un des grands carrefours de la ville, plusieurs feux rouges. Il y a quelques voitures, un groupe de SDF un peu plus loin, des chiens couchés devant eux. Les voix résonnent. J'y suis presque. C'est le dernier écueil. Après, deux rues piétonnes. Je traverse en baissant les yeux.

Je parviens de l'autre côté quand un vrombissement couvre soudain tout le reste, des pneus qui crissent, je sursaute, une voiture bondit et double tout le monde, elle est en pleins phares, je me précipite en la voyant foncer sur moi, de la fumée s'échappe des roues arrière. Je me rue sur le trottoir, le vacarme est effroyable, elle se rabat d'un coup, me dépasse, en pleine course folle, et je m'arrête net en la voyant filer.

Il y a deux mecs à l'intérieur. Ils rigolent comme des tordus. Le passager a le bras au-dehors, il brandit une bouteille. La voiture disparaît, le bruit du moteur est encore dans mes oreilles. Je suis fou de rage et soulagé, prêt à tuer de mes mains ou à hurler dans le vide, je serre les dents et mon corps est dur comme une pierre. Le chauffard est déjà loin, les SDF continuent de l'insulter, un des chiens aboie. Je voudrais courir ou frapper, je me retiens de fuir comme un dément, je garde en moi toute ma peur et ma folie. Il me reste quelques centaines de mètres, il me faut tenir jusque-là, je suis à bout de forces et de nerfs.

Sa rue. Je prie pour que rien ne se passe jusqu'à sa porte. Je ne suis plus moi-même, trop de peur, de stress, de colère et de violence, trop de contrastes. Mes pas me portent sans que je m'en rende compte, je stoppe devant son immeuble. Quelque chose a lâché. Je suis allé trop loin.

J'ai fermé les yeux, j'ai respiré profondément, les bras le long du corps. J'ai passé de longues minutes à me ressaisir en silence. Je suis dans la cage d'escalier, j'ai fermé la porte qui donne sur la rue. À l'abri des regards, la tension tombe un peu. Je vais monter, retrouver Marine, me coucher près d'elle. Il ne faut pas qu'elle se doute de quoi que ce soit.

J'enlève mes gants et mon sac à dos vide. Je vais au fond du couloir, je fourre le tout sous les sacs-poubelles dans le grand container. Ne pas trop traîner, ne pas éveiller ses soupçons.

Je monte en me répétant que j'ai appelé mon frère, il habite Lyon, il est cuisinier, nous ne nous voyons pas souvent, les coups de fil s'éternisent. J'ai vidé ma carte de téléphone, je l'ai laissée dans la cabine. Tout va bien.

Je suis presque convaincu quand j'arrive sur le palier. Je tente une dernière fois de me détendre, j'enfonce la clé dans la serrure, j'ouvre. Je pénètre dans l'appartement, un bruit de fond me parvient. Je referme en l'avertissant de mon arrivée, la voix chevrotante. Elle est dans le salon. Tout va bien. Le son est celui de la télévision. Marine me sourit depuis le canapé et regarde à nouveau le poste. Je m'approche, j'entends des éclats de rire, une voix qui déclame. Tout va bien.

« … car si la nuit est noire, c'est que l'aube se prépare… »

La voix de Gaëlle, son timbre rieur. Elle hausse le ton, les applaudissements cessent.

« … je serai ton orage et ton aube, ton bonheur et tes larmes, ta vie tout entière… »

Mes lettres.

— Incroyable, rigole Marine. C'est la rediffusion de *People Story*, l'émission de ce soir. La production a récupéré les lettres de la fille cette semaine, elle les lit toutes !

Je manque de tomber en contournant la table basse, je tremble, je la regarde en face, elle et ses colocataires sont hilares, vautrés près de la piscine. Gaëlle est assise dans un gros fauteuil gonflable, elle tient un papier en main, elle s'étouffe à chaque phrase, les autres aussi.

« … ma vie n'a de sens que lorsque tu souris… »

Je m'assois. Je suis atterré. Je mets les mains sur mon visage. Au travers de mes doigts écartés, je la regarde tout déballer, tout salir, j'ai fait tout ça pour rien.

— Elle est gonflée, reprend Marine. Tu imagines le mec qui les a écrites ?

Elle souffle la fumée de son joint en l'air et se remet à rire.

— Il doit être fou ! Remarque, là, il peut comprendre que c'est sans espoir !

Je suis muet. J'ai tout foiré. J'ai foncé ventre à terre et huit jours après tout le monde. J'ai fait irruption pour rien dans un bain de sang. Si j'avais regardé l'émission de ce soir au lieu de prendre une bière au Dolmen, j'aurais su qu'il était trop tard, que la production avait déjà récupéré les lettres. Mais c'est maintenant qu'il est trop tard. Trop tard. J'ai fracturé la porte d'une maison, j'ai été témoin d'un double meurtre, la police va m'accuser, des Gitans veulent ma peau. Et Gaëlle souille notre histoire en parallèle, insouciante et cruelle, loin de mes tourments. J'ai fait tout ça pour rien et dans l'indifférence générale. Il est trop tard pour tout.

— Tu fais une drôle de tête, me dit Marine. Ça va ?

XX

Yvan

Pas facile de se croire surveillé. Pas facile de traverser une ville en ayant l'impression que tout le monde vous regarde. Je suis traqué, je le sais, j'ignore par qui. Tout est une menace potentielle. Il m'a fallu me lever, sortir, marcher vers la gare au milieu de tous ces individus suspects, prendre un air normal, ne pas courir, dissimuler au mieux mon visage sous la casquette que j'ai achetée en bas de chez Marine dès que j'ai mis le nez dehors. Ne pas afficher ma clandestinité. Pas facile. Me cacher parmi la foule, avancer. Tenter d'ignorer que chaque pas me rapproche peut-être d'une capture ou d'une balle en pleine tête. Pas facile d'endosser sans préambule un rôle de criminel et de continuer sa route.

Je ne me souviens d'aucun de mes rêves. Nous n'avons pas fait l'amour hier soir. Je me suis endormi comme une masse, l'herbe a tout balayé sur son passage, j'ai passé la nuit dans le coma, aucun relief et plus un bruit. Ce matin, j'ai ouvert les yeux comme on sort d'une longue plongée sous la mer. J'ai vu le soleil à travers les rideaux, les draps chauds sur mon corps. Marine préparait du café dans la cuisine. J'étais allongé, un bras sous la tête, l'autre le long du corps, reposé, entier. Un optimisme forcené m'a envahi sans violence. J'ai soudain eu la certitude que je n'avais plus rien à craindre puisque je n'étais pas mort. Les dangers sont toujours là, sans doute, mais je les éviterai tous. Ma situation n'est pas inextricable. J'avais projeté de me rendre en Angleterre après cette aventure et c'est exactement ce que je vais faire. L'aventure est terminée, je n'aime plus Gaëlle, peu importe qu'elle souille notre histoire. Ça ne me regarde plus. Je n'ai rien fait.

Ce matin, j'ai remis les pieds dans ma vie.

Nous avons bu un café, je ne me suis pas attardé, j'ai mangé l'orange que Marine avait épluchée pour moi et je suis allé à la douche. Elle m'y a rejoint. En nous savonnant l'un l'autre, je lui ai annoncé que je partirais tout à l'heure. Elle n'a pas essayé de me retenir, elle ne m'a pas demandé où j'allais ni quand je reviendrais. Elle m'a juste dit qu'elle était ravie de ces trois jours de connivence, que sa porte me serait toujours ouverte. Je n'ai pas voulu lui dire le bien que sa présence avait pu me faire. Je ne lui ai pas dit de quel enfer je sortais, quel ange bienfaiteur elle avait été, quelle chaleur j'avais pu ressentir au creux de son épaule. Je l'ai juste remerciée. J'ai gardé le reste pour moi.

Sur le pas de sa porte, nous nous sommes fait la bise. Elle était belle et joyeuse.

— Quand ton roman d'amour sortira, m'a-t-elle dit, préviens-moi. J'en achèterai un exemplaire.

J'ai baissé les yeux, j'ai souri vers mes pieds et j'ai pris les escaliers. Arrivé dans le hall, j'ai songé que sa clé se trouvait toujours dans ma poche. J'ai hésité à la garder mais j'ai finalement décidé de la lui rendre, j'ai vu sa boîte aux lettres, il n'y avait qu'une Marine, et l'ai glissée à l'intérieur.

C'est parti.

Je n'ai pas de temps à perdre. Il me faut faire vite, aller à Rouen, retourner à mon appartement prendre mes affaires. Puis filer à Dieppe. Monter dans le premier ferry et gagner l'Angleterre. Je n'ai plus rien à faire en France et des Gitans veulent ma peau.

Le trajet est interminable. Je dois changer de gare à Paris. Des placards publicitaires ne parlent qu'à moi dans les couloirs du métro. Une belle brune tout sourire parmi la foule des voyageurs, elle ressemble à Gaëlle, une chaîne de magasins d'optique qu'elle conseille à toutes les filles qui « regardent droit devant ». Je marche en me retenant de la traiter de salope. À cause de ta vue longue portée, je me suis fourré dans un guêpier pas croyable. Deuxième raison de fuir à l'étranger. Regarder droit devant, justement. Tourner le dos à tous ces souvenirs et cette bassesse qui s'affiche, cette soif de célébrité coûte que coûte qui lui fait faire n'importe quoi, même prendre un autre prénom. Me méfier encore quelques heures. Je ne me détendrai qu'en commandant ma première pinte au pub.

J'ai contourné les agents de sécurité qui arpentaient les quais. Le contrôleur non plus ne m'a pas dévisagé, j'ai glissé mon billet composté dans ma poche en le regardant s'éloigner. Le train roule vers ma délivrance.

Je n'entends plus parler que de *People Story* depuis plusieurs jours. Zeub et sa fameuse question, Maeva et ses seins formidables. Je me demande combien de personnes souffrent comme moi dans leur coin. Combien de drames se sont noués devant les écrans depuis le début de ce programme. Je ne suis peut-être pas le seul à avoir tenté l'impossible pour rétablir un semblant d'équilibre. J'ai échoué. Pas grave. Je me suis retrouvé, même si j'étouffe.

J'arrive à Rouen, il est 17 heures. Je descends l'avenue, je continue de baisser la tête, je presse le pas. Il n'y aura plus de ferry ce soir. Il va me falloir passer la nuit ici. Ou bien partir à Dieppe et prendre une chambre d'hôtel en attendant le lever du jour. Faire mon sac, prendre mes papiers, et laisser tout le reste derrière moi. Pas le temps de prévenir qui que ce soit ni de m'occuper de mes meubles. Pas grave non plus. Je fuis. Je prends surtout un nouveau départ. J'abandonne mes années d'ennui, je sème les tueurs qui me suivent. Je disparais de cette vie qui n'est plus la mienne depuis ce matin.

Remettre les pieds dans mon studio me donne presque le cafard. Je regarde les murs, mon ordinateur, les nuits passées sur Internet, ma télé, devant laquelle je me suis si souvent endormi. Je rassemble des vête-ments, ma trousse de toilette, il ne faut pas traîner. J'entasse le tout dans un sac de voyage. Je laisse mon téléphone sur la table. Je me change. Je mets les habits que je portais hier dans un grand sac-poubelle, les chaussures aussi, je le déposerai dans la rue. Je vais tout laisser comme ça. J'ai encore de l'argent, plus de mille euros dans la poche, de quoi franchir la Manche et reconstruire ma vie.

Je ne jette qu'un vague regard sur la pièce avant de refermer la porte. Un au revoir très bref, une vague émotion, comme un soupir de soulagement. C'est presque fini. Il me faut encore prendre un car jusqu'à la côte, me faire discret quelques heures. Ne pas éveiller les soupçons du chauffeur, ne pas réagir aux blagues des lycéens sur les lettres de Maeva. Rester calme. Ne pas me recroqueviller soudain sur mon siège quand un camion de Gitans nous double. Garder mon sang-froid. Rester anonyme. Je suis en cavale mais je ne suis peut-être pas encore recherché. Mon visage est peut-être dans toutes les caravanes du territoire mais ils ne savent peut-être pas qui je suis ni où me trouver. J'ai peut-être encore une courte avance sur tout le monde.

Je trouve un hôtel. Je découvre ma chambre, je referme à double tour. Plus que douze heures avant le départ, les horaires du ferry sont affichés dans le hall. Le terminal est en face. Demain matin, j'aurai à peine deux cents mètres à faire. Puis ce sera l'embarquement, le vrombissement des moteurs, les remous dans l'eau verdâtre et bientôt la pleine mer. Ce sera fini. Ce sera l'horizon vaste.

Pas facile non plus de tenir en place. J'ai lu tous les dépliants posés sur la console, toutes les visites de la région proposées par l'office du tourisme, le port du Havre, les falaises d'Étretat, je tourne en rond. J'ai failli allumer la télé mais je me le suis interdit. J'ai aussi tenté de m'allonger mais il m'est impossible de fermer l'œil. Rien à faire. Pas de mini-bar à vider pour tromper l'attente, pas de radio à écouter. Seules les images d'horreur d'hier soir vont et viennent dans ma cervelle. J'ai chaud, j'ai ouvert la fenêtre mais l'odeur de la vase me serre le cœur. J'ai faim. Je n'ai rien mangé de la journée, j'ai oublié. Mon sac est là qui me regarde. L'œil de verre du caméraman, la balafre de l'autre, le géant qui s'écroule, je ne parviens pas à penser à autre chose.

J'ai vu, en arrivant tout à l'heure, qu'il y avait une sorte de bar au bout de la rue. Il y avait un sandwich dessiné sur la vitrine, je vais y faire un saut très vite. Manger quelque chose, me fatiguer l'estomac puis revenir ici, dormir ou attendre.

La fille est absente quand je passe devant la réception. Je sors sans que personne me voie. La rue est calme. L'enseigne du bar clignote encore. J'arrive devant, il y a du monde, j'entre, il y a beaucoup de bruit. Je plisse les yeux de surprise, l'endroit est immense, j'en distingue à peine le fond dans la pénombre. Des silhouettes se trémoussent, des filles derrière le bar dans des petits hauts moulants, c'est presque une boîte de nuit. Je me fraye un passage jusqu'au comptoir en guettant les visages qui m'entourent, ça danse, ça rigole. Une des barmaids me fait un signe de tête pour me dire qu'elle m'écoute, je me penche vers elle en lui demandant un sandwich, elle sort un jambon-beurre d'un grand frigo derrière elle et me le tend sans un mot. Je prends aussi une bière. Je m'installe sur un tabouret. Elle ne me regarde plus.

Personne ne me voit. Je mange au milieu de la fête. Je suis au creux de l'insouciance, lourd au milieu de la futilité. Je me dissimule parmi la foule. Tout le monde s'amuse, ça boit beaucoup, certains draguent ou tentent de se faire remarquer. Au milieu de ce spectacle perma-nent, personne ne se doute que ce type au comptoir est là pour se cacher, fuir, échapper à des tueurs ou bien à la police. Il n'y a que des éclats de rire, pas une discussion sérieuse autour de moi. C'est ma dernière soirée en France. J'ai laissé un pourboire à la serveuse.

J'ai posé mon verre vide et froissé l'emballage du sandwich. Avant de partir, je me suis faufilé parmi mes pairs jusqu'aux toilettes. Une succession de portes, ni homme ni femme, un miroir immense et quelques lavabos. J'en ai ouvert une au hasard et me suis enfermé. J'ai levé les yeux, les parois de séparation allaient du sol au plafond, les portes aussi. Le bruit de la salle me parvenait, les basses faisaient vibrer les murs.

Puis j'ai reboutonné ma braguette et tiré la chasse d'eau, je me suis tourné pour partir. J'ai pris la poignée en main, qui n'a pas bougé d'un pouce. J'ai raffermi mon geste, forcé dans les deux sens. Rien à faire. J'ai essayé de pousser sur le bois, de faire levier je ne sais comment. Non. La porte est bloquée. C'est impossible mais les faits sont là. Impossible d'ouvrir. La serrure est formelle.

XXI

Yvan

Je n'ai pas insisté longtemps. J'ai lâché la clenche. Je
me suis assis sur le WC en poussant un long soupir, les
coudes sur les genoux, les mains sur le visage.

Il n'y a rien d'autre à faire qu'attendre, tenter de
distinguer un bruit au-dehors et demander de l'aide. Ça
ne devrait pas être long. La porte est couverte de graf-
fitis, certains au stylo bille, d'autres au marqueur,
quelques prénoms gravés à la clé. En haut à gauche, un
petit malin a écrit qu'« il est toujours appréciable
d'avoir de la lecture dans un endroit pareil ». On dirait
une introduction. Je me demande ce qui peut bien
passer par la tête des gars qui écrivent ainsi dans les
chiottes des bars. Il y a *Free Tibet* gribouillé dans un
coin. Au cas où un haut dignitaire chinois viendrait
déféquer dans le secteur, je suppose. Un autre a
barbouillé le refrain d'une chanson, je crois que c'est
M, « en tête à tête avec moi-même », il ne croyait pas
si bien dire. Il y a plein de dates associées à des noms,
comme des signatures, des traces de passage. Un
numéro de portable qui promet monts et merveilles. Je

me demande si des gens répondent à ce genre d'annonce.

Je n'ai ni crayon ni objet pointu sur moi. Finalement, j'aurais bien apporté ma pierre à l'édifice. J'aurais dit au revoir à tout le monde. Ou bien j'aurais dit bonjour et gravé mon prénom pour faire partie du monde que je m'apprête à quitter. Dommage.

Je ne sais pas ce qui se passe au bar. Personne n'a sans doute remarqué que je m'étais enfermé depuis si longtemps. J'ai tendu l'oreille à plusieurs reprises en croyant distinguer des pas, j'ai cogné contre la porte en appelant mais rien ne s'est produit. Je suis cloîtré, condamné à attendre la fermeture, la musique que l'on coupe et le brouhaha qui cesse. Des filles viendront passer la serpillière, elles m'entendront ou verront qu'une des portes est close. Je ne sais pas à quelle heure ça ferme.

Les murs sont d'un rouge assez sombre. Une applique ronde diffuse une lumière douce. C'est assez cosy. J'aurais pu tomber plus mal.

J'ai bougé, j'ai fait quelques tours sur moi-même, j'ai étendu mes bras sur le côté. J'ai fini par m'asseoir par terre, je me suis rendu compte que le sol était couvert de pisse mais ça m'est égal. C'est curieux l'importance que les toilettes peuvent avoir dans ma vie depuis quelques jours. C'est là que j'ai décidé de filer en Bretagne mercredi dernier, c'est aux WC que je me suis soudain senti capable de modifier le cours des choses. Et aujourd'hui, c'est à nouveau dans des chiottes que je fais le point sur mon parcours. Je fais une pause. Je n'en ai pas fait depuis longtemps. Je me regarde au fond du cœur. Six ans que ça ne m'est pas arrivé.

Je songe à l'homme que j'ai été puis à celui que je suis devenu, je ne vois qu'un inconnu ou presque. J'étais un gars joyeux, un bon copain, j'aimais les filles et la musique. Je me suis perdu de vue. J'ai tout englobé dans mon malheur. Je n'ai fait qu'un sac tout gris dans lequel j'ai tout mélangé. Je ne suis pas un garçon triste. Certains se laissent aller à des crises de violence, prêts à en découdre avec la terre entière. Moi, je me suis laissé aller à croire que rien ne pourrait jamais plus me plaire. J'ai fermé toutes les portes, condamné chaque chemin. J'ai cru que, sans Gaëlle, ma vie n'aurait plus le moindre goût. J'ai mis de côté tout le reste, convaincu de ma tristesse.

Tout est allé beaucoup trop vite, la machine s'est emballée, je n'ai rien vu venir, rien maîtrisé. Il y a encore quelques jours, j'étais un serveur malheureux que personne ne regardait, je n'avais jamais mis les pieds ni en Bretagne ni dans la moindre caravane. Ce soir, la police me cherche peut-être pour un double meurtre commis à Rennes et des Gitans veulent ma tête. Mon ancien amour se trémousse sur les écrans, mes déclarations sont reprises en chœur par des téléspectateurs hilares. Je suis un inconnu célèbre, un homme à abattre et un suspect dangereux, et je n'ai rien voulu de tout ça. En quatre jours, tout a basculé. Rien ne sera jamais plus comme avant. Toutes ces phrases à la con tournent en boucle dans ma tête et je n'en trouve pas d'autres.

Mais je n'ai pas peur. Et surtout, c'est étrange mais je me sens bien. On vient de me réveiller, de m'ouvrir les yeux ou de casser le fil qui me faisait tenir en l'air.

La bulle a éclaté. Je me retrouve au cœur de ma vie tout d'un coup, et tout reprend soudain du sens, chaque geste, chaque visage, chaque détail, tout ce qui m'entoure a de nouveau de l'importance et du poids, un rapport avec moi. J'ai soudain l'impression de me retrouver tout nu sur la scène d'un théâtre, parachuté en slip au milieu d'une soirée mondaine ou sur le grand plongeoir. Il faut avancer, continuer, c'est devant que ça se passe. Plus moyen d'avoir peur ou de reculer d'un pas.

Mais je ne regrette pas mon petit confort, mon long sommeil, mes années sur lesquelles tout glissait en dépit des substances que j'absorbais. Malgré les dangers qui me guettent ou les injustices qui m'attendent, je ne regrette pas ce que j'ai fait. Je ne parviens pas à m'en vouloir. Je m'y suis mal pris, sans doute, et je suis peut-être sur le point de payer cher mon amateurisme mais c'était un risque à prendre. Et quelle que soit l'issue de ma cavale, le résultat en valait la peine : je me sens vivant. Il m'aura fallu qu'on veuille me tuer pour en arriver là.

∗

Un bar comme une paillote au milieu des pins parasols, une grande piscine en forme de banane et des transats qu'il nous faudrait enjamber, plateau en main, pour aller servir les vacanciers. J'avais, en visitant l'endroit accompagné du directeur, aussitôt imaginé les créatures de rêve qui viendraient se rafraîchir au comptoir après quelques longueurs dans l'eau chaude. L'hôtel des Marronniers surplombait Sainte-Maxime, la saison courait de mi-avril à fin septembre. Nous allions être trois pour nous occuper de cet *espace bar*. Logés sur place, au fond du parc, dans des bungalows individuels qu'il me montra ensuite.

J'installai mes quelques affaires et découvris mon paquetage, deux bermudas blancs et cinq polos bleu marine brodés aux initiales du domaine trois étoiles. Il faisait déjà chaud. Je sortais d'un hiver passé dans la neige, la perspective d'un été sur la Côte d'Azur me ravissait d'avance. Les palmiers, le ciel limpide. Et demain, mes collègues. Au total, nous étions soixante employés, dont quarante-cinq saisonniers venus des quatre coins du territoire. J'adorais cela. La possibilité d'être un homme neuf s'offrait tous les six mois. De nouvelles rencontres, de nouveaux points de vue, autant de chances de m'enrichir. Ce que j'aimais par-dessus tout, c'était me rendre compte chaque fois que nous étions finalement tous les mêmes.

Je passai ma première nuit la fenêtre ouverte, je m'endormis au son du chant des cigales. Le lendemain matin, je revêtis pour la première fois ma tenue de yachtman. Seul le bronzage manquait encore mais ça ne tarderait pas. Je foulai les aiguilles de pin qui jonchaient le sol, les mains dans les poches, et me dirigeai vers le bar. Les rideaux étaient déjà ouverts. En m'approchant, je vis que le directeur de l'hôtel en effectuait la visite avec mes deux futurs collègues. Je brûlais d'impatience. Un gars et une fille, dans mes âges. Le directeur me présenta, je tendis la main, tout sourire. Mon collègue la serra, il avait une bonne tête. J'ai oublié son nom. La fille préféra me faire la bise. Elle était lumineuse. Elle s'appelait Gaëlle.

Le garçon s'appelait Alexandre, je me le rappelle à présent. Il vivait en couple, sa copine était femme de chambre. Leur but était de ne rien dépenser cinq mois durant, verser toutes leurs paies sur leur compte et partir vivre au Brésil. Ils n'y avaient jamais mis les pieds ni l'un ni l'autre mais savaient qu'ils y seraient heureux. Je ne sais plus quelle radio nous écoutions au bar mais elle diffusa souvent *Copacabana* cet été-là. Alex se trémoussait au milieu des tables de la terrasse, un peu gauche, et souriait qu'il y serait bientôt pour de vrai. Cela parlait de cocktail et de sable chaud, de danse et de crème solaire. Nous le regardions avec Gaëlle, il faisait plaisir à voir. Son enthousiasme était contagieux.

Gaëlle non plus n'était pas célibataire, je l'avais appris dès le début en discutant tous les trois. Un copain resté à Rennes, demandeur d'emploi dans le secteur de la recherche. Une relation houleuse mais déjà un peu longue. Entre nous, tout se fit le plus simplement du monde. Notre premier baiser vint comme une évidence après deux semaines. Nous partageâmes notre première nuit au son de Portishead, un disque qu'elle m'offrit bientôt, la voix de la chanteuse me berçait autant que sa douceur, le bungalow devint notre cabane.

Le matin, j'allais ouvrir le bar pendant qu'elle dormait encore, je survolais le Pacifique dans mon bimoteur, pêcheur de corail ou peintre aventurier. J'étais au bord d'un abîme chatoyant qui m'appartenait en entier, dans lequel je plongeais avec délice, tout devenait soudain possible. Le premier café avait le goût des étendues sauvages, la piscine se muait en lagon gorgé de poissons multicolores. Imaginer la femme que Gaëlle deviendrait, son ventre un jour bien rond dans un joli paréo, son sourire étincelant quand je lui parlais de nous.

Son ancien copain resté à Rennes pleura au téléphone en apprenant son envol. Je ne me sentis pas coupable. Il était impossible qu'il en fût autrement. Gaëlle et moi nous étions trouvés. C'était merveilleux. Pas une seule fois je ne la vis comme une fille infidèle. Pas une seule fois non plus je n'imaginai que notre rencontre n'aurait, à ses yeux, que les charmes éphémères d'un amour estival.

Je passai cinq mois dans un rêve éveillé. Je chérissais chacun des jours qui, depuis le berceau, nous avaient au final conduits l'un contre l'autre. Tout avait soudain du sens, le moindre virage devenait tout à coup primordial. Je revoyais les années passées, revivais le nombre de concours de circonstances que j'avais traversés, j'envisageais la multitude de sinuosités que nos vies avaient empruntées pour faire enfin que nos destins se croisent. Un grand chambard sans queue ni tête, deux sourires parmi des milliards, des influences et des zigzags permanents comme dans une fourmilière vingt ans durant, et soudain tout s'éclaire : Gaëlle et moi face à face. Je n'en revenais pas.

J'élaborais en secret des théories sur le hasard. Je me rongeais les doigts de plaisir en imaginant le travail minutieux d'un grand ordonnateur, une sorte de régisseur planétaire, qui fermait une porte dans la vie d'untel, qui en ouvrait une à l'autre bout du monde, qui mettait une peau de banane ici pour, là-bas, faire entrer en scène une jolie infirmière. Toutes ces réactions en chaîne me fascinaient. Une espèce de DRH planétaire et permanent, un manitou tirant les ficelles depuis son nuage pour faire que deux âmes sœurs se trouvent. Parfois, je ne fus pas loin de me mettre à croire en Dieu.

Il devait être 3 heures du matin. Les derniers clients avaient traîné, nous avions empilé les chaises de terrasse, remisé les tables et éteint les réverbères un à un pendant qu'ils regagnaient leurs chambres. Un orage se préparait. Nous nous étions enfermés dans la paillote, rideaux tirés, la copine d'Alex nous avait rejoints. Norah, je crois.

Gaëlle compta la caisse et je nous servis un verre. Un Martini pour elle, de la bière pour les autres. Une fois les billets glissés dans une enveloppe, nous trinquâmes, debout sous le néon. Nous avions passé le 15 août. La saison prenait fin dans un mois. Nous allions maintenant voir l'hôtel se vider tout doucement, de moins en moins d'enfants, des retraités plus calmes. Nous avions tous un peu maigri, Norah cherchait ses fesses en s'esclaffant. Alex chantait *Brazil*, je caressais le dos de Gaëlle. Le bronzage nous rendait beaux. Nous étions éreintés mais fiers d'avoir tenu. Nous étions heureux.

De grosses gouttes ne tardèrent pas à tomber dehors, l'orage éclata en quelques minutes à peine. Alex et Norah se prirent la main, décidèrent d'affronter les éléments et de courir le dos courbé jusqu'à leur bungalow. Gaëlle et moi voulions savourer la fin de ces mois si durs, nous leur souhaitâmes bonne nuit et reprîmes un verre en tête à tête. Un déluge s'abattit bientôt sur le domaine. La pluie martela le toit de tôle, le tonnerre gronda dans nos oreilles, nous restâmes retranchés là, bien à l'abri tandis que la tourmente se déchaînait autour. Bloqués dans cette oasis, contraints de ne pas mettre le nez dehors, au chaud dans ce bar qui devint un radeau voguant en pleine mer.

L'orage dura des heures. Le vacarme nous entourait mais nous parlions à voix basse, calmes au cœur du tumulte, assis à même le sol. Nous revîmes chaque instant vécu ensemble, nous fîmes des plans pour l'avenir, nous nous dîmes *je t'aime*, exténués mais heureux, reclus mais libres.

La pluie ne cessa qu'au lever du jour. Quand le bruit s'atténua, nous avions plusieurs fois fait le tour du globe. Les jambes endolories, le sourire figé, nous nous étirâmes avant d'ouvrir doucement la porte comme pour ne réveiller personne. Nous redécouvrîmes le monde extérieur, les premiers rayons de soleil se posaient sur les pins détrempés, la brume enveloppait la terrasse humide et luisante. Tout était d'un calme envoûtant, c'était magnifique. La fatigue nous berçait autant que cette nature si belle. Nous nous prîmes la main, nous marchâmes en silence vers notre lit douillet.

Nous nous endormîmes enlacés, réchauffés par ces heures et ces mois passés si près l'un de l'autre. Cette nuit d'orage sur Sainte-Maxime, six ans plus tard, demeure le plus beau souvenir de toute mon existence.

Le contrat de Gaëlle prenait fin avant le mien. Je devais rester une dizaine de jours supplémentaires afin de remiser tout le matériel, un nettoyage intégral du domaine en petit comité. La paillote ferma ses portes. Alex et Norah regagnèrent La Rochelle, prévoyant de s'envoler pour le Brésil avant les fêtes. L'au revoir fut chaleureux, nous nous serrâmes dans nos bras, nous versâmes même quelques larmes. Leur voiture s'éloigna en klaxonnant, leurs mains par la fenêtre.

Gaëlle et moi avions projeté de partir à la montagne pour la saison suivante. Au départ enthousiaste, elle avait ensuite évoqué la possibilité de se rendre en Bretagne pour se poser un petit peu. Cela me plaisait tout autant.

Elle partit un jeudi matin, un taxi l'emmena à la gare. Je la serrai dans mes bras. Je la retrouverais dans dix jours et nous verrions bien pour la suite. Je l'embrassai fort. Je ne sentis pas la même chaleur dans ses lèvres, je mis sa tiédeur sur le compte de la fatigue, l'émotion, je redoublai d'enthousiasme.

— Dix jours, ça passe vite, dis-je en souriant.

Elle souffla un vague « oui » en regardant ailleurs et je ne compris pas sa distance. Je lui dis de m'appeler dès qu'elle serait arrivée, je lui souhaitai de bien dormir à bord du TGV. Elle s'assit dans la voiture et ferma la portière, elle leva les yeux vers moi, je lui envoyai un baiser muet. Elle n'avait plus le même visage. Un air triste. Ou dur.

La voiture démarra, je fis de grands gestes du bras. Elle me regarda encore et puis tourna la tête avant d'avoir atteint la grille du parc. Cela me foudroya. Les derniers mètres de l'allée, les dernières secondes où nous pouvions encore nous voir, elle ne me regardait plus.

Le soir, elle ne m'appela pas.

Je ne l'eus que le lendemain au téléphone. Ses amis l'avaient accueillie à sa sortie du train, ils avaient ensemble traîné de bar en bar avant de finir en disco-thèque, elle était exténuée. Elle avait oublié de m'appeler. Je fis mine de ne pas m'en inquiéter et me réjouis pour elle. Je lui décrivis l'ambiance ici, le calme qui régnait maintenant, le rangement qui nous attendait. Elle ne répondit pas vraiment. J'eus le sentiment de parler dans le vide. Je me raccrochai aux branches en évoquant nos retrouvailles toutes proches, je restai sourd à son silence, gavé d'optimisme. Je persévérai en lui disant que j'avais assez envie, moi aussi, de passer quelque temps en ville. J'avais entendu parler de Rennes, il me semblait que je m'y plairais.

Mes phrases tombèrent à plat. Je l'ennuyais. Je l'entendis soupirer.

— Tu ne réponds pas ?

Elle s'esclaffa soudain, je l'entendis crier un prénom, Thomas, un de ses copains qui venait de surgir, elle l'embrassa dans mon oreille, tellement contente de le voir, plus fatiguée du tout, la voix du mec, enthousiaste aussi, ça riait autour d'eux.

« Il faut que je te laisse, me dit-elle. On se rappelle, bisous. »

Elle coupa net. Je me sentis prêt à m'effondrer, tout s'écroulait, les cinq mois passés se dégonflaient en quelques secondes. Au bout du fil, il n'y avait plus personne. J'étais seul dans la pinède, tout n'était plus qu'un mirage. Je ne pus jamais le concevoir mais Gaëlle m'avait oublié.

Durant la semaine, je me mordis pour ne pas la rappeler, comptant sur mon silence pour la faire réagir. Je sortais mon téléphone tous les quarts d'heure en guettant son nom sur l'écran. Le troisième jour, je craquai et l'appelai de nouveau. Je la dérangeai encore. Je parlai à une inconnue distante, mes paroles ne trouvèrent pas d'écho. Je m'avançai, parlai de nous, de notre amour, je fis semblant de douter, provoquant une réaction qui balaya tout sur son passage. Gaëlle, elle, ne doutait pas. Elle me parla si durement que j'en tremblai, elle mit un terme à notre histoire d'un air agacé, elle me dit que nous nous étions bien amusés mais que cela suffisait, que la vie reprenait son cours, je ne comprenais rien. Je balbutiai je ne sais quoi, la suppliai de ne pas tourner le dos au bonheur, je finis par pleurer, par lui dire qu'il était impossible que ça prenne fin comme ça, que nous nous aimions, que nous n'avions pour l'heure vécu que les prémices. Elle m'arrêta sans me consoler. Elle me dit en souriant qu'il me fallait dormir, j'entendis son ironie, mes sanglots redoublèrent.

Avant qu'elle ne raccroche, je lui demandai son adresse. Elle me la donna d'une voix vague et précisa qu'elle n'aimait pas trop lire.

Le soir, je lui écrivis ma première lettre. Je ne la revis jamais. Je l'appelai plusieurs fois, elle ne répondit plus.

Je rentrai à Rouen, retrouvai ma chambre chez ma mère. Je ne partis pas à la montagne. Je passai des mois sans rien faire puis cherchai sans conviction du travail. J'en trouvai enfin et pris un studio dans le centre. Je devins un serveur pâle, un fantôme qui ressasse de vieux souvenirs. Je lui écrivis souvent, puis de moins en moins. Je ne me fis pas une raison, je n'acceptai jamais. Je m'éteignis doucement et cela dura six ans.

XXII

Yvan

J'ai les yeux grands ouverts depuis ce matin. Ça me permet de voir dans quelle merde je suis. C'est insensé. J'en rigole tout seul. Je ne sais pas si c'est nerveux, la fatigue ou bien la joie de me sentir en vie. Pour bien sortir de mon hibernation, je me suis fourré dans un traquenard pas possible. En prime, je suis bloqué depuis des heures dans ces chiottes. C'est la cerise sur le gâteau. Allez-y les gars, servez-vous, il en reste. C'est tellement grotesque que l'ironie prend le dessus. Reprends quelque chose, c'est la mienne. Personne ne me voit et tant mieux, ma situation est si dramatique que j'en ris dans ces deux mètres carrés peints en rouge. C'est un ratage tellement énorme, une vidéo catastrophe et comique qu'on se refilerait sur Internet. Et c'est à moi que c'est arrivé. Je ne sais pas quand cela prendra fin. Demain, en principe. Mais je n'en suis plus aussi sûr. Tel que c'est parti, le ferry va couler à pic à peine sorti du port. Ou bien se prendre une torpille en pleine Manche, tirée par un sous-marin russe de la dernière guerre, des vieillards barbus qui ne savent pas que tout est terminé. Quelque chose me dit que ça n'est pas encore fini. Le bar peut aussi brûler sans qu'on sache qu'un type est aux toilettes depuis des heures, un ivrogne hirsute qui flambe un calvados et tout s'enchaîne dans le mauvais sens. Je suis en pleine forme. J'ai tenu jusque-là, j'ai échappé à des Gitans sanguinaires, j'ai survécu à un chagrin d'amour dévastateur, la police ignore mon existence, je vais m'en tirer. Encore un petit écueil, cette porte qui refuse de s'ouvrir, et bientôt tout sera fini.

La musique s'arrête soudain, je sursaute. Les murs ne vibrent plus. C'est la fermeture. Je me retiens de respirer, je tends l'oreille mais aucun bruit ne me parvient. Les clients sortent sans doute un à un mais je n'entends ni cri ni rire. J'essaie à nouveau d'ouvrir la porte en forçant sur la poignée. Le silence ne la rend pas plus docile. Il me faut guetter l'arrivée d'une des filles pour le ménage. Je me concentre, la fin est proche. Pourvu qu'elles viennent vite.

Je suis debout, j'ai les bras croisés, la tête légèrement baissée. L'attente est courte, une voix rompt le silence, une voix d'homme, forte et autoritaire, qui me plonge dans la stupeur.

« On sait que tu es là ! Tu ne peux pas t'en sortir. N'essaie pas de résister et tout se passera bien ! »

Je n'ai aucune idée de qui il peut s'agir. Peut-être le patron du bar qui croit que j'en veux à sa caisse. Personne ne m'a suivi, personne ne sait que je suis ici.

— La porte est bloquée, j'explique. Je ne peux pas sortir.

« Tais-toi ! Et mets les bras en l'air ! »

Je m'exécute sans répondre, je commence à prendre peur. Je suis sur le point de dire que je suis innocent, que je n'ai rien fait, que c'est une erreur mais on me coupe le souffle en ouvrant brusquement la porte, je suis bouche bée dans la lumière d'un projecteur criard, je veux me cacher les yeux mais deux types font irruption et me ceinturent en une fraction de seconde. Ils me traînent au-dehors, m'allongent sur le ventre, le menton par terre, je ne vois que des Rangers noires qui s'agitent, ils me tirent les bras dans le dos, un genou qui m'appuie sur la colonne vertébrale. Ça crie, je veux parler mais on m'en empêche, je souffle de douleur et sens bientôt la froideur des menottes sur mes poignets.

Les flics.

Ils étaient au moins quarante. Il y en avait partout. Des gilets pare-balles, des casques, des canons braqués sur moi. Dehors, des gyrophares d'un bout à l'autre. Le bar vide et la rue bloquée, des silhouettes à leurs fenêtres derrière des rideaux qui se sont fermés quand j'ai levé les yeux. Ils m'ont poussé dans un fourgon, il y avait des grilles sur les vitres. Par terre, il y avait le sac que j'avais laissé à l'hôtel. On m'a attaché les chevilles aux barreaux du siège, j'ai voulu plaider ma cause, tout leur raconter mais ils m'ont ordonné de me taire, ils ont claqué les portes et l'on a démarré. On a roulé en convoi, toutes sirènes hurlantes et à fond de train, sans un mot jusqu'à Rouen.

Là, on m'a fait monter au deuxième étage. Un bureau tout gris et moi sur une chaise au beau milieu de la pièce, quatre types en civil qui me tournent autour. J'ai froid. Ils se coupent la parole entre eux, ils m'assomment de questions, ils veulent savoir où j'étais hier, si je connais Jacques Trassard et Chloé Lavigne, ils me demandent ce que je projetais à Dieppe, ils me traitent d'assassin et me conseillent de me faire petit, je n'ai pas le temps de répondre, ils sont déchaînés. Le silence se fait soudain, leurs yeux sévères posés sur moi. L'un croise les bras, un autre met les mains dans ses poches.

— Je vais tout vous expliquer, je balbutie.

— Pas la peine, tranche le plus âgé. Tu t'y es pris comme un manche.

— Tu veux savoir comment on t'a retrouvé ? dit un autre. Tout le monde t'a vu. Tout le bar Le Dolmen t'a vu lorgner vers la maison deux jours de suite. La serveuse a témoigné, tu l'as même menacée de mort.

— Quoi ? ! Marine ?

— Elle t'a demandé d'où tu venais, tu lui as bien répondu que si tu lui disais, tu serais obligé de la tuer, non ?

Je n'en reviens pas. Je sens l'étau qui se resserre, l'étendue de la méprise.

— Il y avait trois gars qui buvaient des petits verres au comptoir à côté de toi avant-hier soir, tu te souviens ?

Je bredouille un vague « oui ».

— Un de ces trois gars t'a reconnu. Il travaille chez BricoMarché, c'est là que tu as acheté ton pied-de-biche, il t'a vu le choisir dans son rayon. On a même vu les images de vidéosurveillance du magasin.

— Le pied-de-biche que tu as laissé devant la porte du garage, quai Laclavetine.

— Et puis un gars comme toi qui se balade avec un paquet de billets dans la poche, ça intrigue.

— Il a suffi de demander à tout le voisinage et aux clients du bar. On a tout de suite eu ton signalement. On t'a vu prendre un train ce matin, on a les images aussi.

— Tu as été suivi à la trace toute la journée. Nos collègues de Rennes nous ont appelés, on t'attendait à ta descente.

— On a récupéré ta poubelle, les affaires que tu portais lors du crime, tout ce que tu as jeté avant de déguerpir.

— On a tout analysé.

— On va te dire comment on a eu la preuve que tu étais dans cette baraque hier soir et comment on a su que c'était toi le meurtrier.

— Ton pantalon. Tu sais, ton pantalon noir que tu as acheté aux Nouvelles Galeries…

— Là aussi, on a vu les images.

— Sur ton pantalon, il y avait des poils de chat.

— Le chat que tu as aussi tué hier soir dans cette maison. Un chat noir. On attend juste la confirmation du labo.

Je suis abattu. Je les fixe sans comprendre.

— Les animaux, c'est comme les humains, y a un ADN.

— Tu regardes pas *Les Experts* ? me demande celui qui porte une chemise jaune.

Tout est ficelé. Chacune de leur parole me cisaille un peu plus. Ils parlent du sang, de la barbarie, du chat égorgé. Je suis exténué. Ils se relaient pour me harceler, je ne sais même pas ce qu'ils cherchent, ils croient déjà tout savoir et j'ai de moins en moins la force de protester. Ils parlent fort et près de mes oreilles, je suis fragile et tétanisé.

— Alors, conclut le plus vieux. Qu'est-ce que tu dis de ça ?

Ça n'est pas vraiment une question. Il est sûr de lui, les autres aussi, c'est une manière de m'enfoncer pour de bon, faire semblant de me tendre la main pour mieux me regarder glisser.

— Je n'ai pas tué les parents de Gaëlle, je souffle.

Ils se regardent entre eux.

— Tout m'accuse mais je suis innocent, j'insiste. Je voulais juste récupérer les lettres.

Ma voix tressaille, une larme coule le long de ma joue.

— De quoi tu parles ?

Ils froncent les sourcils, l'un d'eux s'approche tout doucement.

— Quand je suis arrivé chez les parents de Gaëlle, il y avait quatre Gitans et du sang sur les murs. Je n'ai rien fait !

— Qui, Gaëlle ? On ne comprend rien à ce que tu dis.

Ils trépignent, ils m'écoutent mais ne voient rien venir, j'essaie de me ressaisir, de respirer, je secoue la tête pour évacuer les larmes.

— Gaëlle Régino, la fille de *People Story*. C'est moi qui lui ai écrit toutes ces lettres.

Chemise Jaune m'interrompt.

— *People Story* ? Maeva ?

— Son vrai nom, c'est Gaëlle. Son ex, c'est moi.

Le plus balèze rigole. J'ai l'impression qu'il se force.

— Qu'est-ce que tu racontes ?

— Je ne voulais pas qu'elle lise les lettres à l'antenne, je voulais les récupérer. Quand je suis entré dans la maison, ses parents gisaient sur le sol dans une mare de sang, quatre Gitans m'ont couru après mais j'ai réussi à fuir.

Le plus vieux se tourne vers le quatrième, celui qui porte une grosse moustache. Il lui demande d'aller consulter les adresses sur Internet.

— On va tout de suite vérifier quelque chose, me dit-il. Ça va être très rapide.

— Je suis entré chez eux par effraction…

Balèze me coupe.

— Tu es taré ou quoi ?

Les deux autres ne réagissent pas. Moi non plus.

Moustache revient, il tient un papier dans la main.

— Alors, commence-t-il, tu dis que tu es rentré chez qui ?

— Chez M. et Mme Régino. Au 126, quai Laclavetine.

— Il n'y a qu'une famille Régino dans tout le 35. Ils n'habitent pas à Rennes. Ils habitent à Betton.

Il tend la feuille vers moi, je ne distingue rien.

— Betton, répète-t-il. C'est à cinq kilomètres.

— Mais c'est impossible, je m'emporte. Avant d'entrer chez eux, j'ai appelé les renseignements, j'ai donné leur adresse, on m'a trouvé leur numéro ! À Rennes !

— Jacques Trassard habitait au 126, quai Laclavetine depuis dix ans, dit Moustache.

— Et Maeva, selon toi, elle s'appelle Gaëlle ? reprend Chemise Jaune.

Balèze leur murmure quelque chose. Ils se regardent, ils ne sourient plus. Chemise Jaune acquiesce. Moustache pose sa feuille. Je ne comprends rien. J'ai cru entendre *psychiatrie*.

— On va faire deux trois analyses à l'hôpital, me dit
le vieux. On va y aller maintenant.

Il me parle comme à un enfant. Les autres soupirent.
Ils me regardent tous les quatre au fond des yeux. J'ai
l'impression de leur faire soudain peur.

XXIII

Yvan

Quinze jours en observation sous haute surveillance. Une caméra dans ma chambre, des barreaux à ma fenêtre, deux agents devant ma porte en permanence, la serrure cinq points fermée à double tour. On m'a donné un pyjama bleu ciel. On m'apporte des plateaux-repas. J'ai une télé mais je ne l'ai pas allumée, je ne veux pas voir Gaëlle rire aux éclats. Entre deux visites de la police ou des médecins, je dors beaucoup. On me donne toute une batterie de pilules qu'il me faut avaler, on m'ouvre la bouche pour vérifier que je ne les ai pas cachées sous ma langue. Je suis bien traité. Les quatre flics de l'autre soir m'ont rendu plusieurs fois visite, je leur ai raconté ma fugue rennaise sous tous les angles. Un psychologue passe trois fois par jour, il me fait faire toutes sortes de tests.

Je ne sais pas où en est l'enquête, ils ne me disent rien. Je leur ai fourni une description aussi précise que possible des Gitans. Je ne comprends pas dans quelle maison j'ai mis les pieds.

Il s'appelle Didier Molière. C'est mon avocat. Il a la quarantaine sobre, un costume impeccable et la raie sur le côté, une mallette de cuir. On nous a installé une table et deux chaises dans ma chambre, un des agents se tenait à l'écart et Didier Molière l'a sommé de sortir. Secret de l'instruction ! Le flic n'a pas pipé.

Nous nous sommes assis face à face. J'ai vu dans son arrivée l'imminente fin du tunnel. Me croire et me défendre, c'est son métier. Tout va s'éclaircir, aussi bizarre que soit mon parcours.

Il ne me regardait pas, il triait des papiers devant lui, il avait l'air sévère et concentré, il poussait de longs soupirs. J'avais l'impression de me retrouver face à un examinateur pour le grand oral. Je me disais qu'il allait sans doute m'appeler *jeune homme* et que ça n'allait pas me plaire. Ce type ne m'inspire pas. Une tête bien pleine et un corps d'athlète, le genre à faire des pubs pour de l'après-rasage, des enfants premiers en tout, une voiture capable de rouler à 240 mais tous ses points sur le permis, le gendre idéal. Je sens qu'on ne va pas s'entendre.

— J'ai ici le rapport des médecins psychiatres, finit-il par dire.

Il pose une série de feuilles devant lui.

— La police a interrogé vos collègues de travail et votre mère. Pas vos amis puisque vous semblez ne pas en avoir. Figure aussi le témoignage de Marine Sauvage, chez qui vous avez séjourné trois jours à Rennes.

Il hésite mais sa voix ne tremble pas. Il trouve ses mots sans me quitter des yeux. Il parle lentement.

— Voilà : vous êtes schizophrène et nous allons plaider la démence.

J'écarquille les yeux, il me coupe d'un geste de la main, m'assure qu'il va me falloir accepter mon état et coopérer.

— J'ai également une bonne nouvelle, reprend-il.

— Mais je vais très bien ! Quoi, schizophrène ? Qu'est-ce que ça veut dire ?

— Calmez-vous.

Je me tais aussitôt.

— Cela veut dire que vous vivez dans un monde à part depuis des années, reclus. Cela veut dire aussi que si, d'un côté, vous êtes totalement capable de vous insérer dans une vie sociale dite *normale*, d'un autre côté, en revanche, votre cerveau crée des délires, des hallucinations, des faux souvenirs, auxquels vous croyez.

Je veux protester mais je ne sais pas quoi dire, par où commencer. Il est très calme. Il plante ses yeux dans les miens, me parle doucement en détachant les syllabes.

— Vous n'avez pas appelé au 126, quai Laclavetine le soir du meurtre. Aucun mouvement sur la ligne ce soir-là.

Il soupire.

— Et vous n'avez jamais travaillé à Sainte-Maxime.

Je m'étrangle sur ma chaise.

— J'ai consulté les registres du personnel, appuie-t-il, votre nom n'y figure pas. Vous avez aussi parlé d'une certaine Norah, femme de chambre, qui n'existe pas non plus.

Puis après un court silence :

— Tout ça n'existe que dans votre esprit.

Je veux répliquer mais rien ne sort, tout s'embrouille.

— Votre cas est clair, continue-t-il en ignorant mon trouble. Six ans durant, vous vous repliez peu à peu sur vous-même. Vos collègues et votre patron ainsi que votre mère en témoignent. Comportement étrange, absence de réaction, perte progressive de vos facultés de mémoire ou de concentration. Vous perdez aussi le goût pour vos loisirs. Vous passez des heures devant la télévision sans vraiment comprendre ce qui s'y passe. Vous pouvez même vous montrer agressif quand on vient vous déranger chez vous. Votre voisin a tout raconté : à deux reprises, le mois dernier, il est venu se plaindre du bruit en pleine nuit, vous l'avez insulté à travers la porte sans ouvrir.

Je le laisse continuer. Tout a l'air si cohérent dans son discours, je ne sais pas quoi lui répondre, j'ai peur de la suite.

— Vous menez encore une vie normale mais votre état empire. Vous en oubliez parfois certaines tâches essentielles comme vous laver ou manger. Non ?

— Oui…

— Je vous le répète, votre cas semble être très classique. Votre défense s'en trouvera facilitée. Je vous le dis encore une fois, nous allons plaider la démence. Vous correspondez parfaitement. Absence de père, mère très protectrice…

Je tente de le couper d'un hochement de tête.

— En votre for intérieur, vous vous bâtissez un monde fait de magie, de merveilleux, m'explique-t-il. Vous vous voyez accomplir des actes héroïques, vous vous créez des relations imaginaires et flamboyantes. Vous consommez également toutes sortes de drogues, les analyses toxicologiques en attestent. Cela ne fait qu'accentuer le phénomène même si, au quotidien, vous êtes encore capable de vous rendre au travail. Mais vous vous éloignez peu à peu de la réalité. Vous inventez des mots, vous n'ouvrez plus vos volets de peur d'être espionné, vous croyez pouvoir influencer les événements du monde. Et vous voyez, dans la vie extérieure, des signes qui vous sont personnellement adressés. Une femme qui rit dans un magazine se moque de vous, une affiche de cinéma vous prévient de ce qui vous attend, un poster vous dit de partir en Angleterre, un graffiti vous parle.

Je suis épouvanté. Ma vie entière s'illumine dans son œil. Tout mon parcours sur trois feuilles médicales. Impossible de comprendre et tout concorde. Il me raconte une maladie sans émotion. Il est calme et didactique et je ne parviens pas à le contredire.

— Vous en arrivez, il y a peu, à un état de crise. Le premier, semble-t-il. Vous voyez cette jeune femme à la télévision, vous êtes convaincu qu'elle vous parle. Vous avez peut-être déjà vécu ce genre de situation auparavant mais le délire prend cette fois une ampleur toute nouvelle. Vous réagissez très violemment, vous voulez modifier le cours des choses, rétablir l'équilibre. Vous passez des nuits sur Internet, la police a passé le disque dur de votre ordinateur au crible. Vous parcourez tous les blogs concernant cette émission. Cela devient votre obsession. Tout cela vous conduit jusqu'à Rennes. Votre état délirant vous rend soudain charmeur, drôle et très sociable. Comme une transformation. C'est classique aussi. Vous parvenez, dans ces conditions, à vous faire héberger chez Marine Sauvage. Auprès de laquelle, soit dit en passant, vous vous êtes inventé un frère, cuisinier à Lyon. Vous proférez également des menaces de mort. Passons.

Il tourne une feuille devant lui. Il ne regarde plus ses notes. Il pose ses mains à plat sur la table.

— Vous avez raconté aux policiers votre version des faits. Toujours la même. Tout est cohérent dans votre tête mais il va vous falloir admettre que vous souffrez de schizophrénie et que cette maladie vous ment en permanence : vous n'avez jamais travaillé à Sainte-Maxime. Vous l'avez rêvé. Et vous n'avez pas appelé les renseignements le soir du meurtre. C'est impossible. Les parents de Gaëlle Régino n'habitent pas à Rennes mais en banlieue, à Betton. Vous êtes entré au hasard au 126, quai Laclavetine et votre furie vous a fait commettre l'irréparable.

Je suis figé. C'est le grand silence dans ma tête. Je n'ai plus aucune certitude, je me sens largué dans les airs sans parachute, ça tournoie, sa voix est lointaine. Je suis sûr de ce que j'ai vu, convaincu de ce que j'ai fait. Il me dit que c'est normal mais je ne l'écoute plus.

— Yvan, reprend-il. Je vais vous appeler Yvan. Yvan, je ne suis ni médecin ni juge. Je suis là pour, avec vous, assurer au mieux votre défense. Je vais vous poser une question très importante pour la suite et je vais vous laisser y réfléchir, vous me répondrez la prochaine fois que nous nous verrons : Yvan, êtes-vous intimement convaincu d'avoir vécu une relation avec Gaëlle Régino ?

Je ne réagis pas. Je n'ai rien à foutre de sa douceur. Je revis mon existence, les précipices que j'ai enjambés, les merveilles que j'ai vues, je suis à l'hôpital et accusé de meurtre mais je n'ai pas peur du reste. J'ai peur de moi.

— Mais c'est impossible, je lance. Vous me dites que je n'ai jamais travaillé sur la Côte d'Azur ? Je n'ai jamais croisé Gaëlle ?

— Exactement.

— Mais demandez à Gaëlle ! Elle a peut-être tout oublié mais quand même pas mon nom !

— Je l'ai fait. J'ai contacté la maison de production qui est à l'origine du programme. Gaëlle Régino n'a aucun souvenir de l'auteur de ces lettres. Aucun nom nulle part. C'est évident, ils se couvrent à tous les niveaux pour n'avoir à payer de droits à personne.

— Mais c'est moi, je balbutie. C'est moi…

— Non.

C'est faux. C'est impossible. Le doute me parle chaque nuit. Je n'ai pas rêvé toute cette histoire. Ils me disent que c'est normal. Quand je lui ai demandé comment j'avais su que Maeva s'appelait Gaëlle, il m'a dit que l'information se trouvait sur différents blogs que j'avais visités. Quand je lui ai assuré que Gaëlle et moi nous étions aimés à Sainte-Maxime, il m'a dit que, là encore, un blog retraçait son parcours avant d'entrer dans ce jeu télévisé. N'importe quel internaute est en mesure d'inventer l'histoire que je lui ai racontée. Je suis désarmé. Je n'ai jamais mis les pieds à l'hôtel des Marronniers.

Je suis schizophrène.

Je n'ai jamais rencontré Gaëlle.

XXIV

Yvan

— Comment allez-vous aujourd'hui ?

— Bien. Comme il y a une semaine. Mieux, même. J'ai pensé à quelque chose.

Il fait semblant de se réjouir. Il s'assoit sur sa chaise et moi sur la mienne, il met de la douceur sur son visage mais il me prend pour un dingue.

— D'abord, je voudrais enfin savoir chez qui je suis entré et qui étaient les deux corps que j'ai vus sur le sol.

Il prend une grande inspiration. Il me parle d'un certain Jacques Trassard, vieux truand plusieurs fois condamné et retiré des affaires depuis environ dix ans. Et de Chloé Lavigne, journaliste spécialisée dans les affaires de banditisme. On ne sait pas ce qu'ils faisaient ensemble, rien n'a été retrouvé dans les affaires ni de l'un ni de l'autre, aucune trace. Un reporter américain, un certain Mike Hamilton, n'a pas non plus su dire quelle relation ils entretenaient.

— Et je les ai tués sans raison.

— Oui. Dans votre délire.

— Sauf que j'ai pensé à quelque chose, comme je vous le disais. J'ai fait de gros efforts de mémoire.

Il ignore mon ironie.

— Je me souviens du numéro des parents de Gaëlle. Je l'ai composé depuis une cabine le vendredi du meurtre. Cette nuit, je l'ai écrit sur une feuille. Tenez.

Il prend mon bout de papier en main, il le regarde et m'observe.

— Nous allons voir ça tout de suite, tranche-t-il.

Il sort de son cartable un ordinateur portable, il l'allume devant moi. Il est décidé. Il arrive bientôt sur le site des pages blanches, bifurque vers l'annuaire inversé. Il tape mon numéro, une nouvelle page s'affiche. Il écarquille les yeux puis il les lève vers moi. Il est pantois.

— Paul et Martine Régino. 18, quai Beaumont. Betton.

Je ne triomphe pas.

— Comment connaissez-vous ce numéro ?

— Je m'en suis souvenu. Je ne comprends pas mais je vous assure que les renseignements m'ont fourni ce numéro alors que je leur avais dit *126, quai Laclavetine*.

Il me fixe en silence. Il n'est plus aussi autoritaire et définitif. Ma maladie se fissure. Il attend que je parle encore, les yeux un peu plissés.

— Je ne comprends pas, je répète. Je vous assure…

— Bon, ne bougez pas, je les appelle.

Il se lève, il est nerveux, il sort vite.

✳

Quand il revient, Didier Molière n'a plus la même tête. Il a l'air d'un enfant. Il n'est plus vif, un peu gauche, il a les yeux grands ouverts, ça fait une ride sur son front. Il écarte les bras dans un geste d'impuissance, un petit sourire candide. Il va pour parler mais je l'arrête avant qu'il ne commence.

— Autre chose, dis-je.

Il souffle, résigné.

— Dans mon appartement à Rouen, j'ai une pochette bleue sur une étagère. Elle contient toutes mes fiches de paie depuis que je travaille. Normalement, celles de Sainte-Maxime y sont. Je suis certain d'avoir travaillé à l'hôtel des Marronniers.

Je suis assis à table. Il est debout. Ses yeux vont et viennent et se posent parfois sur moi, il hésite. J'attends qu'il parle. Il est peut-être encore temps de regagner la terre ferme.

— Bien, soupire-t-il. Je vais me rendre chez vous, je vais voir ça avec le commissariat.

Il relève la tête, il change de ton. Il a l'air harassé mais il rassemble ses forces.

— Ils habitent sur une péniche. Les parents de Gaëlle Régino. Ils habitent sur une péniche. Ils étaient amarrés face au 126, quai Laclavetine jusqu'à il y a deux semaines. Ils sont partis pour Betton.

Je mets les mains sur mon visage.

— Si vous aviez appelé les renseignements le lendemain, ils vous auraient donné la nouvelle adresse. À un jour près… Ça remet tout en cause.

✳

Il y a six feuilles de paie étalées sur la table. Elles vont de mi-avril à fin septembre. Qualité : barman. Échelon : 1. Il y aussi mon numéro de sécurité sociale.

Didier Molière est désemparé. Tout son système de défense est en train de prendre l'eau. Ma joie est immense, même si la suite s'annonce délicate.

— Vous n'étiez pas déclaré, répète-t-il.

Cet enfoiré de directeur bien sympathique. Quarante-cinq saisonniers dont la moitié au noir, aucune cotisation nulle part. Des fiches de paie fictives confectionnées la nuit sur l'ordinateur de la réception. Les saisons devaient être lucratives.

— J'ai alerté les impôts, reprend-il pour se raccrocher à quelque chose. C'est inadmissible. Intolérable.

Je me fous de mes points retraite. Il m'est égal de m'être fait avoir six mois durant. Le constat de Didier Molière est une bouffée d'air pur, je trépigne sur ma chaise, je veux sortir.

— Calmez-vous, me dit-il.

— Me calmer, tu es marrant, toi, je rigole. Ça fait vingt-trois jours qu'on me gave de pilules, je suis enfermé chez les dingues, on me dit que je suis maboule. Je suis sur le point de vous prouver que je dis vrai depuis le début et vous voulez que je me calme ?

Il a presque souri. Il se reprend.

— Vous me croyez ?

— Pardon ?

— Vous pensez toujours que je suis schizophrène, rêveur, affabulateur, etc. Ou bien croyez-vous que j'ai vraiment écrit ces lettres, que j'ai vraiment voulu les récupérer et que j'ai vraiment, par erreur, atterri dans un bain de sang ?

— Je ne sais plus, avoue-t-il en baissant les yeux.

J'ai presque envie de l'embrasser.

— Ça va être compliqué, me prévient-il. Très compliqué. Tout vous accuse. Plaider la démence nous aurait facilité la tâche.

— Désolé d'aller bien mais je peux venir en slip au tribunal, si ça vous arrange.

Il marque un temps d'arrêt. Il me fixe, l'air de ne pas comprendre, il est consterné par ce que je viens de dire.

— Je crois que vous ne vous rendez pas compte de votre situation, murmure-t-il. Vous encourez vingt ans de prison. Meurtre avec préméditation, vous avez repéré les lieux, vous n'avez rien dérobé, barbarie. Vous n'êtes pas dans l'optimisme, vous êtes dans l'inconscience.

Je le regarde au fond des yeux. Ce mec est à l'opposé de ma trajectoire. Il a tout réussi.

— Avez-vous déjà été malheureux ?

Je ne lui laisse pas le temps de répondre.

— Moi oui. J'ai passé six ans à penser que n'importe quelle lumière aurait mieux valu que cette obscurité. Ça n'est pas de moi, je précise. C'est dans un film.

Il sourit.

— Depuis maintenant un mois, mon malheur s'est éteint. Même au commissariat, même ici, je me sens prêt pour la suite. Je sais que je vais m'en sortir. Je ne sais pas si vous pouvez comprendre.

Il acquiesce en silence. Peut-être a-t-il souffert aussi. Il me regarde. Il semble hésiter.

— Vous n'avez pas tenté de récupérer les lettres autrement ? avance-t-il. Je ne sais pas, calmement…

En les appelant, par exemple ? En demandant aux parents de Gaëlle Régino de ne pas les lui donner ?

Je baisse les yeux sans répondre. Non. Je n'y ai même pas songé. Il soupire. Il se lève, remet ses affaires dans son cartable.

— Je dois vous laisser, me dit-il. L'enquête est quasiment terminée, le coupable est sous les verrous. Vous, en l'occurrence. Je vais examiner toutes les pièces du dossier, chercher la faille. Je vous tiens au courant.

Avant qu'il sorte, je le rappelle. Il se tourne vers moi.

— L'autre jour, vous m'avez dit que vous aviez aussi une bonne nouvelle.

— Oui. Enfin, une bonne nouvelle très relative. Chloé Lavigne, la journaliste. Elle n'est pas morte. Elle est dans le coma. Ses chances de survie sont très minces. Mais si elle s'en sort, vous ne serez plus accusé que d'un meurtre.

Je me redresse d'un bond.

— Elle pourra témoigner, surtout ! Elle pourra dire que je n'ai rien fait, que ce sont ces Gitans qui ont tabassé tout le monde !

— Je vous laisse, me coupe-t-il. Je vous tiens au courant. À très bientôt.

Je crois le voir me faire un clin d'œil mais je n'en suis pas sûr.

Il faut qu'elle vive. Elle va rouvrir les yeux, parler, tout leur dire ! Elle n'est pas morte. Je ne la connais pas, je ne sais pas qui c'est mais je lui ai peut-être sauvé la vie en faisant irruption dans cette maison l'autre soir. Elle va à son tour m'éviter le pire en revenant à elle. Il faut qu'elle se réveille, je vais retomber sur mes pieds.

Tout va s'arranger. S'il n'y avait pas cette caméra dans l'angle, je danserais dans le silence comme Elvis dans les spots.

Dès que j'arrive en Angleterre, je vais en boîte.

XXV

Yvan

On me sortit de l'hôpital quand on fut à peu près certain que je n'avais rien à y faire. On me transféra à la prison de Rouen. Les mois passèrent. Cela faisait longtemps que *People Story* était terminé. Zeub avait été proclamé grand vainqueur lors d'un *prime* surchauffé. Depuis, il avait sa séquence quotidienne. Cela s'appelait « À quoi pensez-vous là, tout de suite ? », ils avaient dû plancher des heures. Il se faisait insulter par mes codétenus tous les soirs, je les entendais à travers les murs. Ils auraient préféré Gaëlle. Elle avait échoué en finale. Sa cambrure et mes lettres n'avaient pas suffi. On l'avait aussitôt vue à moitié à poil en couverture d'un magazine. Depuis, plus de nouvelles.

Didier Molière se débattait corps et âme pour mettre au point ma défense, le dossier prenait forme.

L'histoire de la péniche, tout d'abord. Qui avait bien changé d'adresse le jour de mon arrivée à Rennes. Les parents de Gaëlle avaient déménagé, lassés de voir dans leurs hublots des cohortes d'adolescentes guettant un mouvement à l'intérieur. Quand il s'étonna que Gaëlle ne m'ait jamais dit, à l'époque, qu'elle et sa famille ne vivaient pas sur la terre ferme, je ne sus pas quoi lui répondre. Gaëlle ne m'avait pas dit grand-chose. Il comprit.

Il avait aussi, dans ses multiples recherches, constaté qu'un notaire de Fécamp s'était fait cambrioler la veille de mon intrusion dans la maison de Jacques Trassard. Et ce maître Martineau détenait, dans son coffre envolé, une enveloppe de Chloé Lavigne à n'ouvrir qu'au cas où elle disparaîtrait. Impossible de savoir ce qu'elle contenait. Nous étions sûrs qu'il y avait un rapport. Impossible de savoir lequel. Le coffre renfermait aussi des documents sur un projet immobilier douteux ainsi que le testament d'un richissime vieillard un peu volage. Impossible de savoir ce que cherchaient les voleurs. L'enquête s'essoufflait. Didier Molière me répétait qu'il ne fallait pas désarmer, que nous allions trouver, que je n'étais pas en *prison* mais en *maison d'arrêt*, que ça n'avait rien à voir. Je ne voyais pas la différence. Chloé Lavigne dormait encore. Je priais chaque minute pour qu'elle se réveille et témoigne.

Au 126, quai Laclavetine, rien non plus n'avait permis d'élucider les conditions du drame. Une seule trace d'effraction, la mienne. Aucune autre empreinte que celle des deux corps ensanglantés. Une balle, retrouvée dans un des murs en placo du garage. Je l'avais entendue siffler. Mais aucune piste, une arme inconnue des services balistiques et retrouvée nulle part après, on m'accusait de m'en être débarrassé. On avait, sans succès, dragué la rivière.

Dans le salon, une collection d'annuaires avait retenu son attention. Il voulait comprendre, certain d'être là en présence de la clé d'une énigme. Vingt-trois volumes au total, année après année, et des départements allant en ordre croissant. Ce qui l'intriguait par-dessus tout, c'est que les années manquantes correspondaient aux années d'incarcération de Jacques Trassard. Je ne devinais rien. Lui non plus.

— Il y a quelque chose, disait-il. Il faut trouver quoi.

Cela dura près d'un an.

Je passai cette année dans une cellule personnelle en vertu de la présomption d'innocence. Je ne vis que très rarement mes codétenus. Je passais des heures à fixer le plafond. Une vidéo, quelque part, prouvait mon innocence. Des Gitans, je ne sais où, détenaient une cassette capable de me blanchir intégralement. L'identité de ces tueurs, leur lieu de résidence, leur mobile, nous retournions ces questions dans tous les sens, nous n'avions pas l'ombre d'un début de réponse et j'étais enfermé.

J'oscillais entre la haine et la crainte, et parfois l'optimisme. Parfois, la joie survenait, la soudaine certitude que mon cas n'était pas désespéré, que ça n'était qu'une question de temps. Impossible que tout continue comme ça. Chloé Lavigne allait se lever, sous les yeux écarquillés des infirmières assistant au miracle, elle allait tout raconter, elle allait dire qui l'avait frappée, elle allait surtout dire qu'aucun petit

Yvan ne traînait dans les parages et j'allais sortir enfin, c'était l'unique issue possible, il fallait juste attendre. Je me cramponnais à cet espoir.

Un jour, je me mis à écrire. Je repensai à Marine, qui m'avait rendu visite une fois. Elle était belle. Timide et moi aussi. Elle m'avait envoyé une bise au travers de la vitre, je lui avais demandé de me pardonner, elle m'avait souri. Dans son canapé, je lui avais dit que j'écrivais un roman d'amour. Je me mis à table, des feuilles, un stylo, je tentai quelque chose et me pris bientôt au jeu. Et puis mes lettres avaient déjà fait le tour de la France, je voyais d'ici le bandeau *Par l'ex de Maeva* en travers de la couverture. J'en souris tout seul.

Didier Molière était un gars tenace. Nous nous étions finalement rapprochés l'un de l'autre. Parfois, je l'appelais Jean-Claude Shakespeare. J'avais proposé le tutoiement, il préférait attendre la fin du procès.

— Pour le moment, on se concentre, avait-il asséné.

Notre première visite au juge d'instruction me fit froid dans le dos. Un type glacial et on ne peut plus austère. Un costume noir et des lunettes d'écaille, une voix grave et tranchante, le couperet dans le prolongement de la main. Et une manière de s'exprimer qui ne souffrait aucun commentaire.

Nous lui expliquâmes mon parcours, il n'écouta que mon avocat. Je m'arrêtai vite. Didier n'omit aucun détail, mon boulot de serveur, le contexte, mon amour qui m'avait propulsé dans la déprime, le sursaut puis tous ces quiproquos. C'était limpide.

Le juge d'instruction qualifia mon histoire de bouffonnerie.

— C'est proprement rocambolesque, lâcha-t-il.

Proprement rocambolesque. Bouffonnerie. Je me demandai où ce type avait appris à parler. Il devait trouver les bons films « tout à fait jubilatoires ». Après la pipe du samedi soir, il devait flatter sa femme en lui disant qu'elle avait fait preuve d'une « réjouissante audace », je le voyais d'ici. J'esquissai un sourire, Didier me lança un regard et je fixai mes pieds.

Dans le car de police qui nous ramena à la prison, il m'expliqua d'une manière très dure qu'il me faudrait absolument, les fois suivantes, faire bonne figure devant cet homme.

— S'il est convaincu, le procès est presque gagné, appuya-t-il.

Je retrouvai ma cellule et ma pile de feuilles gribouillées. Le jugement avait lieu dans trois mois. J'étais gonflé à bloc. Mon roman d'amour arrivait lui aussi à son terme.

Mais quelques jours plus tard, mes espoirs se fendillèrent et les perspectives s'assombrirent. Après une longue année d'attente et de préparation, ma situation prit un tour soudain tragique. Quelques jours plus tard, Chloé Lavigne ne sortit pas du coma : quelques jours plus tard, Chloé Lavigne mourut.

Plus de témoignage, plus d'issue. Et sur mes épaules, un double assassinat.

XXVI

Yvan

Un procès retentissant, les caméras pour filmer ma montée des marches, des badauds devant le palais de justice et la une de *Ouest-France*. J'ai retrouvé Rennes sous haute escorte. Six jours d'audience. Le juge d'instruction *proprement terrifiant* qui fait l'exposé de la situation, un double meurtre barbare, un chat égorgé. Il retrace le parcours criminel de Jacques Trassard, une vie dans la violence et l'appât du gain, il cite le talent de la journaliste et son professionnalisme. Je suis entre deux gendarmes, menotté. Didier Molière est devant moi, il se tourne pour m'adresser des coups d'œil qui se veulent rassurants. Ma mère est dans la salle, elle est livide. Mes anciens collègues aussi. Ils sont venus sans le tablier. Il y a mon patron avec eux. Il y a aussi une femme seule et en pleurs au premier rang. C'est la mère de Chloé Lavigne. C'est elle qui est venue en premier à la barre. Elle a parlé de sa fille, elle a décrit sa passion pour le journalisme, elle a dit qu'elle lui avait souvent conseillé de ne pas s'approcher trop près de certains hommes. Elle avait des sanglots dans la voix. Elle ignorait tout de la présence de sa Chloé chez l'ancien truand. Elle ne savait rien de ce qui pouvait les unir. Apparemment, ils faisaient lit à part. Quand le procureur a demandé qui était le père *inconnu* de la défunte, elle a juste dit que ledit père avait subvenu aux besoins de sa fille dans le plus grand anonymat, ses mandats réguliers leur assurant à toutes les deux une vie où rien ne manquait. Elle a dit aussi que ça n'était ni le lieu ni le moment pour soulever ce genre de problème, que peu importait désormais. Elle est retournée s'asseoir en contenant ses larmes.

Tout a été long, et précis, et minutieux. Toute ma vie disséquée, les témoignages écrits d'Alex et Norah, que mon avocat a retrouvés. Toujours au Brésil. Ils ont un petit Enzo et une paillote sur la plage. Ils se souviennent de moi comme d'un garçon charmant, tendre et gentil. Fou amoureux, aussi. L'avocat de la partie civile a sauté sur l'occasion, il a pointé du doigt le mot *fou* qu'ils employaient, Didier a fait objection, objection acceptée. Tout a été passé au crible, les circonstances du meurtre examinées au microscope. Un hématome sur l'arcade de Jacques Trassard, qui, selon les experts, pouvait provenir d'un coup de poing lancé par un individu de plus d'un mètre quatre-vingt-dix. Cela prouvait mon innocence, du haut de mon mètre soixante-quinze. On m'accusa en retour de protéger un complice depuis mon arrestation.

Puis Marine, qui ne vit en moi qu'un homme auprès duquel elle avait passé trois jours très agréables. Une serveuse de bar à bière citée dans une affaire de culture de cannabis, précisa l'accusation. Une fille de capitaine de la marine marchande, rétorqua Didier. La menace de mort prise au pied de la lettre aussitôt les faits connus, la panique puis le retour au calme, la conviction, désormais, que je n'étais pas un criminel.

Mes collègues, un à un. Tous désolés. Une surprise, pour moi, de les voir maintenant comme des gars parmi tant d'autres. Ni des abrutis, ni des murs d'intolérance. Juste des gars qui font ce qu'ils peuvent pour vivre le mieux possible. Je me sentis piteux en les écoutant parler. J'eus le sentiment de les avoir méprisés six ans durant. Aucun ne paraissait m'en vouloir. Ils expliquèrent comment, jour après jour, je m'étais isolé moi-même, me coupant de leurs discussions. Mon patron ne m'accabla pas non plus. Il précisa même que si ça n'avait pas été, ça n'aurait pas duré six ans. J'étais un bon gars.

Les jambes parfois tremblantes sous ma chaise quand tout semblait écrit, parfois le cœur vaillant le temps d'un réconfort. Je regardais les jurés, douze hommes et femmes qui me fixaient à tour de rôle sans rien louper des paroles prononcées. Un chauve, parmi eux, m'adressa une fois ce que je pris pour un sourire. Mon sort entre leurs mains. J'étais tétanisé. Je mesurais l'étendue de leur pouvoir.

Puis vint le tour de Gaëlle. Gaëlle Régino qui s'avança comme une star vers la barre. Une démarche lente et ferme, un long manteau, des lunettes de soleil. J'appris par la suite que le producteur de l'émission l'avait accompagnée, suivi d'un avocat. Sans doute aussi d'une maquilleuse. Un murmure parcourut l'assistance tandis que je frissonnai sur mon siège. L'ancienne femme de ma vie, sept ans plus tard, et mes yeux pleins de larmes. Ses cheveux bruns lâchés sur les épaules, ses pupilles toujours si vertes quand elle ôta ses lunettes noires. Un fantôme. Un air de contentement de soi, une condescendance à fleur de peau, une importance de chaque instant. Une autre fille, mon vieil amour transfiguré. De l'emphase même en silence. Je faillis pleurer, trop d'émotion en si peu de jours, je me retins, les mains inertes sur mes jambes.

À l'énoncé de son état civil, elle précisa que son *nom d'artiste* était désormais Maeva. J'écarquillai les yeux, Didier Molière me lança un regard sombre, le procureur aussi. Gaëlle m'ignora.

Puis elle raconta notre histoire. Notre si belle histoire qui n'était, à ses yeux, qu'une amourette adolescente. Tellement certaine d'être entendue. De parler entre adultes. Je faillis l'interrompre, lui demander d'admettre, de ne pas salir ainsi d'aussi jolis souvenirs. Je n'en fis rien. Ce n'était plus le moment. La discussion eut lieu sans moi. Je passai pour un enfant capricieux, un petit être rêveur qui vivait dans son monde. Je n'eus pas envie de m'opposer. Dans le fond, elle disait presque vrai. Son monde et le mien, en effet, n'étaient plus compatibles.

Sur les conseils de la production, sans doute, elle prit même les devants concernant mes lettres. À aucun moment Gaëlle Régino n'avait imaginé l'écho que ce déballage aurait en moi. Tout était si loin et si puéril, comment songer que cette histoire de quelques mois pouvait encore me hanter tant d'années après ? Comment soupçonner l'effet qu'elle m'avait fait ? Elle en sourit avec candeur, les jurés furent peut-être sous le charme.

Cela dura longtemps et je n'entendis pas tout. Des images du passé vinrent danser dans mes yeux, une nuit d'orage sur Sainte-Maxime, des nuits entières à pleurer seul, un ciel azur et des horizons vastes, puis la grisaille normande pour un cœur en hiver. Tout se mélangea bientôt, Gaëlle était là, à quelques mètres, et j'étais enchaîné. Elle était si sûre d'elle, si détestable et hautaine, et à la fois si creuse, grotesque, si avide de réussir, si certaine que sa cambrure ferait d'elle une étoile. J'en vins à me pencher sur l'épaule de Didier et lui murmurai ma douleur.

Il me fit signe de me taire. Le procureur réclama le silence en regardant vers nous. Gaëlle me fusilla des yeux.

— Tu te rends compte ? explosa-t-elle. Tu te rends compte de ce que tu as fait ?

Le président lui ordonna de cesser.

— Tu te rends compte du tort que tu fais à ma carrière ? cria-t-elle.

— Mademoiselle !

Le public s'emporta, l'avocat général fit cogner son marteau pour ramener la salle au calme. Je ne songeai pas à lui dire que sa *carrière* rebondirait bientôt, qu'une vidéo d'elle à poil circulait sur le Net, qu'elle devait s'accrocher et proposer la suite tant que les vents lui semblaient favorables. Je me retins de lui dire que je ne l'aimais plus et que j'en étais comblé. J'aurais voulu rire et crier ma joie d'être enfin libre, même entre deux gendarmes. Aucun mot ne sortit de ma bouche entrouverte. Je baissai la tête.

Quand je la regardai à nouveau, je ne la trouvai plus belle. Je ne vis que de la bêtise, de l'arrivisme et du vide. Elle continuait de se répandre, citant les conséquences désastreuses que mes actes avaient eues sur son parcours. De moins en moins d'appels et des portes souvent closes, tous les scandales n'étaient pas les bienvenus dans l'univers du show-business.

Le président la remercia, elle se crut obligée de répondre qu'il était de son devoir d'aider la justice de son pays. Une révérence allait suivre et des applaudissements. Elle remit ses lunettes noires avant de faire volte-face, l'air pénétré par ce qu'elle venait de dire.

— Gaëlle !

Elle se tourna vers moi. Je vis ses yeux armés au travers des carreaux. Je me mis debout, ma voix résonna dans le silence.

— Je voulais juste récupérer les lettres. Et puis ne t'inquiète pas : sur Internet, ta *carrière* est loin d'être terminée.

Le tonnerre gronda, le juré chauve n'en revint pas, un de mes collègues applaudit, Didier Molière me demanda de m'asseoir et Gaëlle déguerpit.

XXVII

Yvan

Puis vint le sixième jour. J'étais harassé, tremblant de fatigue et de crainte. Dans la presse, un article m'avait décrit comme un accusé largué dans une cour qui n'était pas la sienne. Un autre me dépeignait en meurtrier glacial sans le moindre remords. Quand on me demanda de me lever encore, j'exprimai tous les regrets du monde. J'étais innocent, maladroit et seul. Blessé, aussi. Mais ni méchant ni calculateur, incapable de la moindre violence et terrorisé. Je suppliai la cour de me croire en mélangeant mes mots, je parlai de Gaëlle et de ma solitude, de ma blessure et de mon amateurisme.

Le procureur balaya mes paroles dans un réquisitoire foudroyant. J'étais un coupable sanguinaire, auteur d'un cambriolage aux motifs des plus obscurs, pris de panique, peut-être, et de rage, surtout, en me voyant découvert. J'avais tué de mes mains Jacques Trassard et Chloé Lavigne, j'avais déversé ma haine en éclatant leurs crânes, égorgeant même le chat pour que rien ne subsiste. Il requit vingt ans de prison.

Didier Molière fut d'une éloquence rare. Il marcha en rond, fixant tour à tour le sol ou chacun des jurés, il énuméra les étapes qui m'avaient conduit dans cette maison ce fameux soir, recréa mon arrivée dans ce bain de sang auquel j'étais étranger, puis ma fuite, il martela que j'avais été victime de ma candeur et que si tout m'accusait, c'est justement que je n'étais pas coupable. Il sortit une à une les analyses psychologiques effectuées à l'hôpital depuis un an, martela que je n'avais rien du tueur que l'on décrivait dans ce tribunal. Il dit enfin de moi que j'avais commis l'irréparable, une faute impardonnable en ces temps si cruels : j'avais voulu préserver la beauté d'un souvenir. J'en frissonnai sur mon siège. Il demanda l'acquittement.

L'affaire fut mise en délibéré. Je regardai les jurés avant de quitter la salle. Le chauve ne me vit pas, il parlait à sa voisine.

Trois semaines plus tard, je retrouvai mon box. La cour fit son entrée, les douze hommes et femmes aussi. Didier portait un costume clair.

On accepta de croire que je voulais préserver mes lettres. On comprit aussi l'histoire de la péniche, on regretta la méprise. Un quiproquo fâcheux, une erreur d'aiguillage aux conséquences tragiques.

Mais on refusa de ne voir en moi qu'un malheureux fragile. On décrivit un homme à bout de nerfs, qui, le temps passant, semblait s'être assagi. Une version des faits confuse pour masquer la vérité, une hypothétique barbarie gitane dont j'étais seul responsable : j'avais tué Jacques Trassard et Chloé Lavigne. J'avais fait preuve de haine et de sang-froid, effaçant les traces de mon passage et protégeant un possible complice.

Le verdict est tombé, la cour était unanime.
J'ai pris vingt ans ferme et j'ai hurlé de douleur.

*

Ça fait presque un an. Au total, je suis enfermé depuis vingt-cinq mois. Depuis vingt-cinq mois, je tourne en rond dans un labyrinthe verrouillé de toutes parts, on m'a pris pour un fou, et maintenant pour un tueur, on n'a rien élucidé, le piège s'est refermé sur moi.

*

Mon compagnon de cellule mit trois semaines avant de m'adresser la parole, et ce fut pour me dire que j'avais une tête de pute. J'étais terrifié. Deux gifles plus tard, il éclata de rire. Il s'appelle Tony, il a mon âge, il a tué un homme pour sa Carte Bleue. Depuis, ça va. Il a même pris ma défense un midi à la cantine quand un autre détenu voulait manger ma part. Tony l'a roué de coups au milieu des hurlements et écopé de quinze jours d'isolement. On m'a parachuté dans un univers de haine et de menace permanente, la loi du plus fort.

Je ne rase plus les murs. On ne me craint pas mais on me respecte à peu près. Pendant la balade, je peux marcher seul sans qu'on vienne me déranger. On ne me parle plus des seins de Gaëlle. Se faire discret, ne provoquer personne. Je fais partie du paysage, je me fonds dans la masse et le décor.

Je me suis aussi mis au sport. Il n'y a pas grand-chose d'autre à faire. Je pratique la musculation. Je transpire en songeant que, d'ici quelques années, je serai fort et dehors, robuste et prêt pour la suite. Pas facile de garder la foi. Personne n'a la solution miracle. Certains ont une vengeance en ligne de mire, d'autres ont appris de leurs échecs et mijotent le coup sans faille. Chacun imagine le jour de sa sortie, une bière au comptoir, un plongeon dans la mer ou une fille à Pigalle. Selon Didier, avec le jeu des remises de peines, il me reste neuf années à faire. J'aurai quarante ans.

Il s'est battu pour faire valoir mes droits sur les lettres que Gaëlle avait lues à l'antenne. Il a assigné la production en justice, il s'est acharné contre eux des mois durant et a obtenu gain de cause. J'ai pu le payer, il me reste un peu d'argent, placé sur un compte. Je retrouverai ce pécule à ma sortie. C'est aussi grâce à lui que mon roman d'amour, auquel je ne voulais plus toucher, est arrivé à terme. Là encore, il n'a pas désarmé. Il m'a rendu visite souvent et m'en a toujours parlé. J'ai fini par m'y remettre. On se tutoie, désormais. C'est même lui qui a trouvé le titre, *Quatre étoiles et nicotine*, ça sonne bien. Le journal intime d'un homme en déplacement, deux semaines loin de la femme qu'il aime depuis quatorze ans déjà. Il lui écrit tous les soirs et pour la première fois, il lui remettra le paquet de feuilles à son retour. Il dort dans un palace. L'hôtel est non-fumeurs mais il grille chaque nuit plusieurs cigarettes en noircissant ses pages.

Un éditeur a aimé. Didier m'assure qu'il n'a pas dit qui j'étais pour ne pas influencer son jugement mais je n'en suis pas si sûr. Peu importe. J'ai, en tout cas, évité le bandeau « *Par l'ex de Maeva* » sur la couverture. Deux ou trois articles çà et là, une chroniqueuse de France Inter qui a cité le titre dans une émission du soir et quelques milliers d'exemplaires écoulés. On m'appelle *L'écrivain*. Il y en a que ça intrigue, certains me regardent parfois en se demandant ce qui se passe à l'intérieur. Gaëlle m'a même rendu visite au parloir, en blanc de la tête aux pieds, timide et pleine de remords, prête à tout effacer pour profiter un peu de la lumière dont elle pensait qu'on me couvrirait bientôt. Elle était pitoyable. En la regardant partir, j'ai songé que j'étais enfermé parce que je n'avais pas voulu qu'on sache que je l'avais aimée. Je ne sais pas ce qu'elle fait depuis. On m'a oublié aussi. Didier me pousse à en écrire un autre. Je ne sais pas, j'ai une vague idée. La sortie de mon livre en librairie ne m'a pas arraché à mon quotidien sordide. Mon romantisme ne change rien à la violence qui m'entoure, mon prétendu *talent narratif* n'atténue en rien l'injustice au cœur de laquelle je me trouve. Inutile de faire de belles phrases si c'est pour vivre un enfer. Inutile d'imaginer des fins heureuses quand j'entends la serrure se fermer derrière moi.

Marine n'est plus célibataire. Elle a quitté Rennes et rejoint Saint-Malo. Elle sert dans un gros pub intra-muros. Son copain s'appelle Hakim, il est moniteur de voile. Ils viennent me voir chaque semaine.

J'ai cessé de me débattre et de clamer mon inno-cence, j'ai vite compris. En prison, personne n'a rien fait. Même Tony peut expliquer qu'il n'a pas tué cet homme, que ce n'est pas lui qui a pris sa carte bancaire, qu'il est victime d'un malentendu. Inutile d'insister. Les matons sont sourds et la justice est aveugle. Il faut juste tenir, se faire parfois petit sans déranger personne. Quand on me demande ce que j'ai fait, je réponds : « *Rien.* » On comprend.

*

On fait avec. On fait pour le mieux. Les jours sont tous les mêmes. Un nouveau qui arrive, une bagarre dans la cour, un type qui vient me voir pour me vendre quelque chose. Je ne touche à aucune drogue. J'ai recommencé à écrire, c'est ma fenêtre sur le monde. Je lis mes pages à Tony, c'est lui qui me le demande. Encore une histoire d'amour. Parfois, la nuit, je revis mon entrée au 126, quai Laclavetine, je vois ce Gitan avec son œil de verre, j'entends la voix de Gaëlle qui lit ma prose. Le monde tourne à l'extérieur. Je partirai en Angleterre. Barman dans un pub. Didier m'a offert un petit livre de grammaire, je révise mes leçons, je m'accroche à mon avenir. Presque deux ans, encore neuf. Rien d'autre à faire que se cramponner à un espoir, regarder le ciel et oublier ces murs. La vidéo prouvant mon innocence est quelque part, un meurtrier connaît toute la vérité, je paie à sa place. *People Story* a duré trois mois. Tous les candidats, y compris Zeub, ont depuis rejoint l'anonymat.

Encore neuf ans comme ça. C'est court. C'est le huitième d'une vie moyenne. C'est peut-être assez pour comprendre dans quoi j'ai mis les pieds.

Plus que neuf ans.

XXVIII

Yvan

Je connais Jacques Trassard et Chloé Lavigne. J'ai voulu comprendre. Je veux toujours, je continue d'ignorer les raisons de leur assassinat. Je veux savoir dans quoi j'ai atterri. Je ne suis pas si étranger à leur exécution puisque j'étais présent. Je veux au moins connaître la vérité, savoir pour quelle raison je paye, et pour qui. Tout ce micmac m'obsède.

Didier m'a apporté nombre d'articles sur eux. Je les ai dévorés, j'en connais même certains par cœur. Beaucoup sont de Chloé Lavigne.

Jacques Trassard y est souvent décrit comme un truand à l'ancienne. Je ne vois pas trop ce que ça veut dire, ce doit être flatteur. Un gangster en noir et blanc, un Lino Ventura qui se balade dans le Paris des seventies, des beaux costumes et une voix grave, la berline sombre, le pétard dans la boîte à gants, les films de Melville. Parfois, j'ai l'impression que la petite Chloé nourrit une sorte d'admiration envers le personnage.

Un casier judiciaire long comme le bras, un premier braquage sanglant, la caisse d'un bar-tabac à Laval en plein jour. L'article date de 1964, il avait dix-neuf ans. Chloé Lavigne n'était pas encore née. Il fait deux ans de prison. Il y a sa photo, c'est un gamin mais il a de la dureté dans le regard, les cheveux épais, les yeux perçants.

Les histoires de gangster, ça ne m'a jamais fasciné. J'ai lu tout ça presque avec dégoût. Des gars comme lui, il y en a plein autour de moi. L'appât du gain, le gros coup qui change tout, tout ça m'est étranger, comme de jouer au Loto. Mes collègues remplissaient leurs grilles sans moi. Je n'ai jamais rêvé de me réveiller millionnaire un beau matin.

À l'opposé de la trajectoire de Jacques Trassard. Lui semble toujours n'avoir agi que dans l'urgence et le stress, une course infernale après l'argent, l'horreur et la solitude. Le bruit des balles et le goût du sang, l'odeur de l'argent sale et la clandestinité. Tout ça avec de bonnes manières. Un article de Chloé Lavigne décrit ses tempes poivre et sel aux assises, ça date de 1991. Sa dernière condamnation, l'assassinat d'un caïd dans un cercle de jeu parisien, deux tueurs qui fuient à moto.

Dans un autre article, on apprend qu'il a lui-même enterré les corps de deux dealers en forêt de Fontainebleau dans les années quatre-vingt. Le milieu nantais avait, semble-t-il, tenté d'étendre son territoire, une guerre des gangs avait fait rage et décimé les rangs. Jacques Trassard donnait dans tous les trafics, la drogue, le jeu, la prostitution, les braquages de banque ou de fourgons postaux. Tout ça avec de soi-disant bonnes manières.

Au final, j'ai lu tout ce que l'on peut se procurer sur son compte. Je connais maints détails sur ses multiples activités, je sais même, grâce aux enquêtes de Didier, que le vieux truand était propriétaire de plusieurs milliers de mètres carrés de bureaux à la Défense. Je le connais, maintenant, celui que j'ai vu baigner dans son sang, à deux mètres à peine. Je connais sa vie.

Mais rien de plus. Je n'ai trouvé nulle part la trace d'un quelconque Gitan, je n'ai pas aperçu l'ombre de la moindre explication. Je ne sais toujours pas. Dix ans après s'être retiré des affaires, bien au chaud dans sa maison rennaise, je n'ai aucune idée non plus de ce que Chloé Lavigne foutait en sa compagnie. Une amitié, une interview, on ne saura jamais.

J'ai aussi lu tous les articles qu'elle a écrits. Il y en a des centaines, sur les affaires les plus diverses, du minable coup de couteau pour un billet de cinquante francs au casse clinquant du casino de Cabourg. Chloé Lavigne a passé quinze ans sur les traces de tous les criminels possibles. Chroniqueuse judiciaire à *Libéra-tion*, deux livres, un sur les nouveaux réseaux de trafics de drogue, un autre sur Ernst Heimer, sorte de dandy décadent qui écuma les villas du littoral au milieu des Années folles. Je les ai lus aussi.

Un monstre de patience et de travail, selon tous ses collègues. Elle avait trente-sept ans. Jacques Trassard, soixante-quatre. Vingt-sept ans d'écart. Foudroyés ensemble, sous mes yeux. Je sais qui ils sont, je connais leurs parcours.

Je sais même qui était ce fameux père inconnu que Mme Lavigne refusa d'évoquer plus longuement au tribunal. Mike Hamilton a fait paraître un long article sur sa collègue dans *Le Monde*, il parle de son sérieux, de son acharnement. Il salue sa grâce, aussi. C'est une forme d'adieu, presque une déclaration. Il explique comment la petite Chloé, née de père inconnu, sentit dès l'enfance qu'un mystère entourait son géniteur. De l'argent liquide envoyé tous les mois, une mère protectrice qui ne leva jamais le voile, lui disant simplement que c'était un être infréquentable, une adolescente qui, très vite, veut en savoir davantage, qui fouine du côté de la criminalité, qui se passionne pour le banditisme, cherchant une trace, une intuition qui s'enracine année après année.

C'est ainsi que la petite Chloé Lavigne devient la journaliste que l'on sait, rat de bibliothèques et de salles d'audiences, opiniâtre dans ses enquêtes, désireuse de savoir, de comprendre, de connaître toutes les vérités.

C'est un très bel article. La fin, surtout, m'a donné la chair de poule, quand Mike Hamilton raconte comment, à la mort d'Oscar Rosenbaum, un receleur bruxellois, la journaliste eut accès à ses coffres. Il ne dit pas ce qu'ils contenaient, il parle juste d'une série de photos. Il parle de l'émotion qu'eut Chloé Lavigne en s'y découvrant à tous les âges, son enfance puis sa jeunesse, jouant dans la cour d'école puis sérieuse à l'université, insouciante en maillot sur la plage, amoureuse dans les bras d'un ado, toute sa vie capturée çà et là, suivie à la trace depuis la maternité jusqu'à la vie active, des centaines de clichés pris en cachette et commandés par un père qui, de loin, veillait sur les jours de sa fille. Il raconte qu'au moment de cette découverte Chloé Lavigne passa près d'un mois sans sortir de chez elle, envisageant même de mettre un terme à sa carrière de journaliste.

Oscar Rosenbaum est mort dans un accident de voiture sur la Côte d'Azur en 2001. Une Jaguar broyée au terme d'une vie périlleuse et scintillante. J'ai même trouvé un article de Chloé Lavigne le concernant. Elle ignorait alors qu'elle parlait de son propre père. Un procès fleuve, une histoire de fossile aztèque vieux de quatre mille ans et fabriqué trois semaines plus tôt par un potier picard. Chloé Lavigne souligne l'ironie de l'accusé. L'article est assez drôle. Oscar Rosenbaum, lui, avait bien dû voir sa fille parmi les journalistes présents à l'audience. Un jeu de cache-cache assez pervers de la part d'un père.

J'ai voulu le comprendre aussi, du moins le connaître un peu. Didier m'a apporté tout ce qu'il a pu recueillir sur lui mais c'est assez maigre. Une sorte d'escroc jet-setter, à l'aise dans le grand monde et expert en arnaques de haut vol. On a quelques photos de lui, l'une prise dans les années soixante-dix, il porte un chapeau et de multiples bagues, il trône devant une limousine, une bouteille de champagne au bout de chacun de ses bras qu'il tient écartés comme après une victoire. Une autre le montre à Courchevel, un long manteau de fourrure, il tient une danseuse russe par la taille au beau milieu d'une piste. Mike Hamilton dit qu'au moment de sa découverte, Chloé Lavigne en conçut autant de fierté que de haine. Il dit aussi qu'elle avait, comme but ultime, le projet d'écrire un jour la biographie du grand homme. Il dit enfin que la grande professionnelle qu'elle était n'envisageait cet ouvrage que pour la fin de sa carrière, une manière de boucler la boucle et de s'autoriser la subjectivité. Elle et lui travaillaient de concert depuis de nombreuses années, il parle de leur franchise l'un envers l'autre, des dossiers qu'ils exploraient ensemble. Il conclut que la petite Chloé ne rédigera finalement pas cette biographie qui lui tenait tant à cœur, il lui rend une dernière fois hommage, lui souhaitant de bonnes retrouvailles avec ce père qui lui manqua si cruellement.

Oscar Rosenbaum est mort. Chloé Lavigne est morte. Jacques Trassard est mort. Depuis des mois, je retourne la vie de ces trois inconnus dans tous les sens. J'ai l'impression de les connaître, je les ai, petit à petit, apprivoisés. Parfois, je rêve de l'un d'entre eux. Quand je marche dans la cour, je songe qu'ils ont peut-être arpenté ces lieux avant moi, je guette une apparition. J'ai lu tout ce qu'il est possible de lire sur leurs trois existences, je raisonne à leur place, je continue de me perdre dans toutes sortes d'hypothèses. Rien ne m'a éclairé, aucune lueur n'est venue me mettre sur aucune piste. Le quotidien m'assomme chaque jour davantage et fait de moi un détenu, un prisonnier noyé dans le flot des criminels, des délinquants. On a tous une excuse. Personne n'a eu de chance. On vole ou on tue pour survivre, pour échapper à quelque chose. Après, c'est un engrenage. On avance, on s'enfonce, la spirale s'accélère. Je suis comme eux. Je suis en prison depuis presque trois ans, je suis un meurtrier. Moi aussi, j'ai une excuse : j'étais au mauvais endroit au mauvais moment. Didier, Marine et Hakim, ma mère, mon patron et mes anciens collègues, eux savent que je suis innocent mais il n'y a rien à faire. Pour moi aussi, la vie continue. Dans une cellule de neuf mètres carrés où des fantômes que je ne connais pas me hantent.

La seule chose qui puisse faire dévier le cours de l'histoire, c'est une série de détonations à neuf cents kilomètres d'ici. Des balles qui claquent et des hurlements de femmes en pleurs, une mare de sang près d'une caravane en flammes. La seule chose qui puisse me sortir d'ici, c'est une fusillade qui éclate dans un camp de Gitans près de Perpignan.

XXIX

Yvan

Didier a fait irruption dans le parloir, il a crié que j'étais libre. J'ai voulu ouvrir la bouche mais il ne m'en a pas laissé le temps, il a frappé de ses mains la table qui était entre nous.

— On a retrouvé la vidéo ! Ton entrée chez Jacques Trassard, les Gitans ! C'est fini !

Je suis resté sans voix, il était survolté.

— Ça va prendre plusieurs semaines, on examine toutes les cassettes. Mais tu vas sortir. C'est fini, Yvan !

Il a sorti de sa serviette une liasse de coupures de presse de la veille, il l'a poussée vers moi en me disant que tout y était expliqué, que j'aurais tout le temps de réaliser, il s'est relevé d'un bond pour partir.

— Il faut que je te laisse. Lis tout ça. Je reviens te voir dès que j'en sais plus. Prépare-toi, dans trois mois maximum tu es sur le ferry !

Avant de sortir, il m'a serré dans ses bras en m'embrassant. Je crois que je pleurais sans comprendre.

*

Ça a eu lieu en plein jour. Le clan ennemi a débarqué dans le camp sans crier gare, les premiers coups de feu ont aussitôt fusé. Quand la police est arrivée, des caravanes brûlaient, un cadavre allongé en travers de la route au milieu d'une mare de sang. C'était le patriarche, Paco Mayer, trois balles dans le dos plus une en pleine tête. Neuf morts au total et plusieurs blessés graves, des membres des deux familles en fuite et des femmes en larmes. Parmi les victimes, ils ont trouvé un jeune de dix-huit ans qui portait un œil de verre, ainsi qu'un colosse de plus de deux mètres, son frère aîné. J'ai frissonné. On ignore les raisons du carnage, une histoire de rivalités entre familles, des échanges obscurs entre la France et l'Espagne, du racket ou un trafic de haschich, on ne sait pas. Les survivants sont muets. J'ai tout lu sans en revenir.

La police enquête. On tente de démêler les nœuds de l'histoire mais aucune piste n'est vraiment précise, on cherche tous azimuts, le travail est énorme. Paco Mayer semblait régner sur toutes sortes de trafics, du plus minable au plus juteux.

Dans sa caravane, on a retrouvé le coffre-fort volé dans l'étude de maître Martineau. On a identifié le numéro gravé dans le métal. La porte éventrée, plus de serrure, il paraît que le vieux s'en servait comme d'une étagère. À l'intérieur, aucun document non plus, pas la moindre enveloppe de Chloé Lavigne. Mais des cassettes vidéos. Classées par date. Une incroyable collection de meurtres, d'accidents provoqués ou de scènes de torture, que la presse décrit dans tous les sens. Une quarantaine au total, que les enquêteurs se repassent au ralenti depuis plusieurs jours. Et surtout, l'assassinat en direct de Jacques Trassard dans son salon rennais, mon arrivée impromptue au milieu du carnage, les gars qui me courent après, un coup de feu dans mon dos, l'image tremble.

Je suis libre. On entend aussi les rires du caméraman, on y voit, paraît-il, le vieux truand se faire briser les cervicales d'un coup de pied foudroyant. Avant, Jacques Trassard crie vers l'objectif qu'il a lui-même tué Chloé Lavigne. Elle gît déjà sur le sol quand les gars pénètrent chez lui. On ne comprend pas et moi non plus. C'est lui qui l'a tuée. À aucun moment je n'avais envisagé cette hypothèse.

La police passe toutes ces preuves au crible. Une mine de renseignements. On y découvre des images atroces qui résolvent autant d'affaires demeurées sans suite. J'ai lu tous les articles en tentant de recréer certains schémas mais je m'y perds. Je vais sortir.

Deux cassettes ont retenu mon attention plus que les autres : sur la première, les enquêteurs ont reconnu la victime, on prononce son nom, Jean, c'est Jean Trassard, le petit frère. Il a paraît-il l'air perdu, il parle tout seul, le regard dans le vague. C'est en pleine montagne, la police a ressorti le dossier, son corps fut retrouvé dans les Cévennes en 1989. Une voix dit : « Tu parles trop », une détonation retentit et Jean Trassard s'écroule. On filme ensuite son cadavre, la voix continue de répéter qu'il était trop bavard.

Les cassettes couvrent une vingtaine d'années de crimes en tous genres. La presse est unanime, Paco Mayer lègue un héritage d'une valeur inestimable. Le meurtre d'un promoteur marseillais jeté du haut d'un immeuble en construction se trouve élucidé, ainsi que celui d'un chauffeur de car de Clermont-Ferrand, que l'on retrouva égorgé sur son volant et dont on apprend sur une bande qu'il convoyait de l'héroïne dans les soutes durant des voyages scolaires. Il menaçait de tout dévoiler si sa part n'augmentait pas. Une prostituée cannoise est brûlée vive dans une décharge municipale. J'ai peur une nouvelle fois en voyant de quel enfer j'ai réussi à m'enfuir. Je continue de lire tous ces articles qui relatent l'horreur sous tous les angles. C'est incroyable.

La description d'une autre vidéo me fait sursauter. Ce nom, je le connais, cela fait des mois que je vis avec cet homme : il s'appelle Oscar Rosenbaum. Sa mort provoquée, un accident fracassant, sa berline poussée au cul par un gros 4×4 en pleine nuit, l'arrière qui chasse dans un virage et la voiture qui chavire. On entend le fracas de la tôle contre la pierre. Un journaliste parle des éventuels liens qu'entretenait le clan Mayer avec le commerce du jade. Ce Gitan que je ne connais pas a fait tuer Jacques Trassard. Vingt ans plus tôt, il avait fait abattre son frère. Quelques années après, il fait s'écraser Oscar Rosenbaum contre les rochers rouges de l'Estérel. Tous les noms qui m'accompagnent depuis de si longs mois et au final un seul coupable, une fusillade qui m'innocente et un Paco Mayer surgi de nulle part qui vient tout endosser. Ces articles ne parlent que d'horreur et de sang et je ne peux m'empêcher d'y voir comme une sorte de miracle, une espèce d'ange noir et sournois et sanguinaire grâce auquel, pourtant, je serai bientôt libre.

Tout prouve que Paco Mayer était le commanditaire de ces meurtres. Aucun document ne donne la moindre clé, les survivants se murent dans le silence. La police n'a pas encore fait un quelconque lien entre toutes ces affaires. Moi non plus.

Impossible de réfléchir, de toute façon. Je vais sortir, mon cœur s'emballe. Les coupures de presse sont étalées sur mon lit. Et pour la première fois depuis le début de mon incarcération, j'en veux soudain à la terre entière. Cet étalage de barbarie sous mes yeux me donne pour la première fois le sentiment d'un énorme gâchis. J'ai croupi trente-quatre mois dans une cellule en compagnie d'un tueur écorché vif. Je ne suis pas loin de partager sa haine.

Peu m'importe de savoir pourquoi, pour qui, quand ou comment. Tous ces crimes me sont étrangers. Une vidéo prouve mon innocence, je me demande à quel salut j'aurais bien pu rêver si Paco Mayer n'avait pas fait filmer toutes ces exécutions. Je n'ai plus l'impression de vivre un miracle, de découvrir soudain un pan entier de l'histoire ou de rebondir de façon magistrale. J'ai juste l'impression, au contraire, de n'avoir été qu'une plume dans le vent, une brindille écrasée qui renaît par hasard.

Dans une autre partie de mon cerveau, je pense exactement l'inverse. Je suis ébloui par ce puzzle. J'ai vécu des mois, des années, qui prennent fin le temps d'un claquement de doigts, un rai de lumière qui dissipe toutes les nuits et me voilà neuf, blanc comme neige et prêt pour la suite. Je n'en reviens pas. Je loue toutes ces coïncidences, je m'émerveille de cette tuerie perpignanaise, j'ai envie de rire.

J'ai déjà pensé que tout se bousculait sous mon crâne et j'avais tort. La vraie bousculade, c'est en ce moment. Je suis écœuré de joie.

＊

Encore trois semaines à attendre en bouillonnant d'impatience, le temps que la banque me fournisse une carte de paiement valable outre-Manche, et partir. J'ai mangé chez Didier, j'ai découvert sa femme et ses enfants, sa maison. Ils m'ont demandé si j'écrivais encore, je crois que sa fille voulait me parler de Gaëlle mais elle n'en a rien fait, son père avait dû lui dire de ne pas aborder le sujet. Le jour de ma sortie, je n'ai pas pris de bière au comptoir, je n'ai pas non plus passé une heure dans les bras d'une fille moyennant trente euros. Je suis allé au cinéma.

Je suis aussi allé voir Marine et Hakim. Il m'a emmené longer la côte sur son bateau, c'était magnifique. Il a fallu rentrer quand les horizons trop vastes m'ont étourdi. Il paraît que c'est normal. Le temps que mes yeux reprennent l'habitude de ne pas forcément buter sur un mur à cent mètres. Le soir, on a fini devant une bouteille de rhum, on a joué les corsaires. Marine ne fume plus. Ils seront bientôt trois, j'en suis sûr. J'ai fait de belles rencontres, ces dernières années.

Je suis retourné à mon ancien travail. J'ai redécouvert le bar que j'avais tant maudit, le patron m'a donné l'accolade, mes anciens collègues aussi. L'un d'eux a remarqué que j'avais, trois ans durant, fait du sport : « Le Yvan, c'est du béton », répétait-il en souriant. Nous avons bu un verre. Je me suis senti bien en leur compagnie, c'était la première fois, j'en ai eu les larmes aux yeux.

J'ai marché dans les rues, je suis passé par tous les chemins que j'arpentais tête baissée à l'époque. Tout me semble beau et à la fois si vieux, si lointain. Le soir, je rentre chez ma mère. En tête à tête, des plats délicieux, puis un lit douillet, une couette accueillante et surtout pas de réveil. Je lis le journal en buvant un café, je reste longtemps sous la douche en reprenant mon souffle.

J'ai passé des heures sur Internet, je me suis vu en photo, plusieurs sites parlent d'erreur judiciaire. J'ai reçu deux appels à ce sujet, une association de défense des détenus, une autre d'aide à la réinsertion, on me demande de témoigner, de m'engager dans diverses luttes. Un journaliste, aussi, m'a réclamé une interview. Plusieurs autres m'ont accosté au bas de l'immeuble. Pour le moment, je n'ai répondu à personne. Je ne sais pas si ça viendra. Je veux juste respirer. J'ai mon billet, mon sac est prêt.

J'ai aussi tenté d'approfondir mes recherches sur Jacques et Jean Trassard, Chloé Lavigne, Oscar Rosenbaum ou Paco Mayer. J'ai visité des centaines de pages sur le Net, j'ai consulté les archives de plusieurs sites d'information. Je n'ai rien appris de plus, j'ai relu certaines infos sous un autre angle, un mot plutôt qu'un autre, je n'ai pas recueilli le moindre indice supplémentaire.

Mais je touche au but. Je pars en Angleterre.

Quand j'ai décroché ce matin, j'ai pensé que c'était pour ma mère. On voulait me parler, une voix d'homme. J'ai alors cru qu'il s'agissait encore d'un journaliste, j'ai voulu écourter mais l'homme m'a cisaillé le ventre en une seule phrase.

— Je suis un ami de Jacques et Jean Trassard, de Paco Mayer et d'Oscar Rosenbaum. J'aimerais vous rencontrer.

— Qui êtes-vous ? j'ai balbutié.

— Ça ne vous dira rien. Je m'appelle Albert Parmentier.

XXX

Yvan

J'ai aussitôt prévenu Didier. Il a tout mis en œuvre pour assurer ma sécurité : une dizaine de vigiles en civil rodent autour de moi. Je marche vers la place du Parlement, j'ai les mains au chaud dans les poches de mon blouson. Il y a trois ans, je traversais Rennes en craignant chaque regard. Aujourd'hui, je suis cerné par un dispositif de protection que mon avocat a tenu à mettre en place. Nous n'avons rien trouvé sur cet Albert Parmentier, pas de casier judiciaire, pas le moindre lien connu avec les noms qu'il m'a cités, la police ne se serait pas déplacée pour un simple rendez-vous suspect. J'emprunte une rue piétonne, j'avance doucement. Il y a trois ans, je m'apprêtais à commettre un cambriolage et tentais de me faire le plus discret possible. Les passants m'inquiétaient, j'étais un clandestin timide qui voulait se débattre. Aujourd'hui, je suis un ancien taulard. La ville n'a pas l'air d'avoir changé. Au bout de cette rue, une grande place pavée, plusieurs siècles d'histoire et la vérité sur la mienne.

Un rendez-vous. Une voix grave dans le combiné, un accent populaire. J'ignore qui il est.

J'arrive face au Parlement. La place est superbe, les immeubles sont d'une sobre élégance, de grandes fenêtres et des moulures au plafond. Il est tôt, la brume n'est pas encore tout à fait dissipée. Deux hommes boivent un café fumant sur une terrasse chauffée, un balayeur emmitouflé ramasse les mégots sur l'esplanade, un type fait de grands gestes en serrant son portable contre son oreille. Ce sont tous mes gardes du corps. Didier est assis sur les marches du bâtiment, il me fixe de loin. Je dois attendre ici, je suis un peu en avance, je regarde ma montre, encore quelques minutes à patienter dans le froid.

Je guette les alentours. Chaque nouvelle silhouette retient mon attention, je tourne lentement sur moi-même au rythme de ces apparitions. Ma respiration fait un petit nuage, je rentre la tête dans les épaules. Il est peut-être déjà là pas loin qui m'observe, je ne sais pas où. Derrière les rideaux d'une de ces fenêtres, au comptoir de l'un de ces bars qui viennent d'ouvrir. Je suis au centre du parvis, dégagé et visible, il peut me voir du premier coup. Je n'ai pas peur. Je ne trépigne pas non plus. En trois ans de prison, j'ai appris la patience.

Je crois qu'il arrive, il est grand, un vieux qui semble marcher vers moi de loin. Son pas est lent mais sûr. Il porte un long manteau sombre et une écharpe blanche, un chapeau, des gants. Sa silhouette est massive. À mesure qu'il s'approche, je fronce doucement les paupières, mes mains se crispent dans mes poches, je devine maintenant son regard posé sur moi. Il a les cheveux blancs, les sourcils aussi. Didier s'est levé sur les marches.

Je le laisse venir, je le regarde à mon tour en face. Il s'arrête, il est là, tout près de moi. Il me dépasse de quelques centimètres. Sous ses rides et sa réussite, je vois de la gentillesse autant qu'une volonté d'acier. Il s'ébroue en enlevant un gant, me tend la main. Il veut paraître doux.

— Bonjour, Yvan. Albert Parmentier.

*

Il m'a laissé choisir le bar.

— Je suppose que vous n'êtes pas venu seul, m'a-t-il dit. Moi oui. Vous n'avez rien à craindre.

Nous nous sommes installés dans une grande brasserie, lui sur la banquette et moi sur une chaise. Deux types ont aussitôt pris place à quelques tables de nous, deux autres au comptoir. Il les a regardés faire, il a ramené ses yeux sur moi. Didier est dans le fond.

— Nous étions cinq, a-t-il commencé. Jean, Paco, Jacques et Oscar. Et moi. Cela remonte aux années soixante, nous nous étions connus au lycée en section mécanique.

Il parle lentement. Il a une voix grave. Je le fixe de près sans réagir. Son visage est marqué, de grosses rides lui rayent le front, il a la peau épaisse, le nez épaté. Sa tête respire la force malgré les années, son pull moule des épaules de lutteur. Il est calme. Il mesure ses paroles.

— Nous donnions dans les petites magouilles. Jacques faisait dans le cambriolage, Jean dans le vol de

241

voiture. Paco trafiquait un peu tout. Oscar cherchait l'occasion du siècle. Moi aussi. En attendant, je faisais dans le recel aux puces de Montreuil.

Il s'arrête et plonge ses yeux dans les miens.

— Avez-vous déjà entendu parler de John Costano ?

*

Ces cinq petites frappes soutirèrent un million de dollars au parrain de la côte Est des États-Unis. Ni vu ni connu. Même si les histoires de truands ne m'ont jamais fait rêver, je me dois d'admettre qu'ils ont fait fort. Aucun des gars que j'ai croisés en prison ne peut prétendre leur arriver à la cheville, rien à voir.

Il m'a tout raconté, les deux voitures de location, la toile qui n'avait pas fait cent mètres, planquée là dans le coffre d'une Ford sous les yeux du caïd. Le coup de la rançon m'a arraché un sourire. Il a souri à son tour mais sans fierté particulière. Tout avait été mis sur pied par Oscar Rosenbaum.

— À notre retour en France, les choses ont changé, a-t-il dit d'un air plus grave. Oscar nous a avoué toute la vérité sur John Costano.

Les cinq copains se dispersèrent sur les quais du Havre, chacun continua son chemin dans la crainte. Il se rendit en Vendée, il y passa sa vie comme proprié-taire de campings. Personne ne sut jamais d'où prove-naient ses premiers fonds. Aujourd'hui encore, sa femme ignore le passé sombre d'Albert Parmentier. Il n'en connaît pas vraiment plus que moi sur les autres.

Ils ne se virent qu'une fois par an, du département 01 aux suivants, page 100, première adresse, pour des rendez-vous furtifs.

— Les annuaires…, ai-je murmuré.

Il a acquiescé. Il m'a raconté certaines de ces entrevues, dont Jean fut toujours absent. Paco Mayer arrivait la veille et inspectait les alentours, Jacques Trassard empruntait les départementales au volant de voitures qui n'étaient pas les siennes. Lui faisait la route d'une traite et repartait aussitôt le café avalé. Et Oscar Rosenbaum arrivait tout klaxon dehors, en fourrure dans le soleil de juin, des bagues et un briquet clinquant, ça m'a presque fait rire.

— On peut trouver ça drôle avec le recul mais sur le coup, on était morts de trouille, m'a-t-il assuré.

Tout s'est doucement éclairci. Le bar s'est rempli. Nous avons recommandé un café, les vigiles allaient et venaient autour de nous comme des clients ordinaires. Didier est sorti téléphoner plusieurs fois. Albert Parmentier et moi sommes au milieu du brouhaha, il parle à voix basse mais je l'entends, une bulle de silence nous entoure. Je suis suspendu à ses lèvres. Je vois le puzzle prendre forme et je n'en reviens pas.

— Pourquoi me racontez-vous tout ça ? je finis par dire.

Il soupire.

— Vous sortez de trois ans de prison. Vous avez passé trois ans à vous demander dans quel guêpier vous vous étiez fourré, j'en suis sûr. Tout ça, je ne l'ai réalisé qu'il y a quelques semaines, quand Paco est mort, quand on a découvert ses vidéos. C'est là que j'ai appris, comme tout le monde, que vous étiez innocent.

Avant, je pensais aussi que vous aviez tué Chloé Lavigne et Jacques. Quand on a découvert toutes les cassettes, j'ai compris l'erreur. J'ai imaginé les heures que vous aviez dû passer à fixer le plafond sans comprendre.

Je refrène un tremblement, il pose sa main près de la mienne sans oser la prendre.

— Je suis le seul à pouvoir tout expliquer. J'ai appris, comme vous, que Paco avait fait supprimer Jean, puis Oscar et enfin Jacques. Il n'y a plus que moi. Le seul lien entre nous, c'était cette histoire de tableau, John Costano et son million de dollars. C'est pour ça que Paco les a fait tuer. Paco était paranoïaque, il avait peur qu'ils parlent un jour. Je le sais.

Il insiste sur ce mot.

— Je ne connais pas plus de détails que vous, reprend-il. Mais je sais ce que nous avons fait tous les cinq il y a plus de quarante ans. Vous aussi, maintenant. J'ai pensé que vous aviez le droit de savoir.

Il soupire, il parle presque pour lui-même.

— Et puis je suis un miraculé. J'ignore pourquoi Paco ne m'a pas tué, moi aussi. C'était peut-être prévu. Je ne sais pas.

Mon regard se perd dans les allées cossues de Miami Beach, j'entends Frank Sinatra saluer la foule et je vois cinq petits gars courir, et maintenant ce vieux bonhomme, ce papy que l'on doit prendre pour mon grand-père, qui lève le voile sur tous les mystères qui m'ont tant obsédé.

Je ne lui en veux pas, je n'en veux à personne. Je suis étourdi.

— Chloé Lavigne avait dû percer le mystère, avance-t-il. C'est pour ça que Jacques l'a tuée. Je ne sais pas comment elle avait pu s'y prendre, quelle erreur nous avons pu commettre.

Il laisse passer un silence. Il pose sa main sur la mienne. Je reçois son affection.

— Je vais vous faire une dernière confidence. Je vais vous dire quelque chose que tout le monde a toujours ignoré.

Je sens son souffle chaud. Je me penche vers lui, je vois sa pupille briller. Il jette un œil alentour, un petit sourire vaguement moqueur ou quelque chose d'espiègle.

— Le tableau que Costano a récupéré, dit-il enfin. Il était faux.

*

Albert Parmentier, à l'époque, achetait et vendait toutes sortes d'objets sous le manteau. Sa carrure lui ouvrait certaines portes ou lui permettait parfois de faciliter certaines ventes. Ses copains et lui ne mélangeaient pas l'amitié et le travail. C'est Paco Mayer qui avait eu l'idée : ne jamais laisser les sentiments intervenir dans une affaire. Chacun menait les siennes et guettait la fortune. Oscar Rosenbaum et Albert Parmentier peut-être un peu plus que les autres. Le premier, pour vivre comme un prince. Le second, pour échapper à l'usine.

Quand Oscar Rosenbaum leur avait un soir parlé d'un coup mirifique qu'il avait mis sur pied, le principe de l'indépendance professionnelle avait vacillé. Il leur avait alors exposé les lignes de son plan, tout s'était peaufiné très vite. Trois semaines plus tard, les cinq amis décollaient. Cinq jours après, trois d'entre eux rentraient, attendant les deux autres et les sacs de billets voguant vers l'Europe.

Ce qu'Albert Parmentier ne raconta jamais, ni à ses amis ni à personne d'autre, c'est qu'ils ne partirent pas à cinq pour Miami Beach. Un sixième était du voyage, qui se faisait appeler *Vérité*, et qu'Albert avait engagé.

Vérité avait la cinquantaine et hantait les bars de Montmartre. Une allure de clochard et de la terre sous les ongles, les dents noires de vin rouge et le verbe fort, un peintre maudit parlant couramment plusieurs langues. Une chambre de bonne où vivaient les cafards. Mais un savoir encyclopédique. Major des Beaux-Arts et de l'école du Louvre. Un œil et une culture imparable. Et surtout un talent, au moins un, immense, quand il n'était pas ivre mort : celui d'assimiler, en un temps record, la technique de n'importe quel artiste. La faculté de créer, très vite, des œuvres peintes *à la manière de* et d'endormir tout le monde. Copier une toile, dès lors, n'était pour lui qu'un jeu d'enfant.

Albert Parmentier avait fait sa connaissance sur le marché de Saint-Ouen, Vérité y croquait des touristes en été. Il sortait alors d'un an à Fleury-Mérogis pour escroquerie, un faux Picasso qu'un antiquaire du Marais avait finalement fait expertiser par Picasso lui-même. Le grand Pablo avait au passage souligné le fait que ce tableau, si faux qu'il fût, était d'une incroyable qualité. Vérité emprisonné mais auréolé.

Quand Oscar Rosenbaum avait parlé de toile de maître et de million de dollars, Albert Parmentier avait intérieurement frémi. Après plusieurs jours d'hésitation, où toutes les raisons, bonnes et mauvaises, lui traversèrent l'esprit, Albert Parmentier décide, un beau matin, de faire cavalier seul et de doubler la mise. Emmener Vérité dans ses bagages. Le soir du rapt, chacun regagne sa chambre d'hôtel, la toile est au fond d'une voiture dans la rue. Vérité sort de sa planque, ouvre le coffre et s'en empare. Il a trois jours et trois nuits pour fabriquer la copie sans mettre le nez dehors. Ce doit être suffisant. Une piaule louée dans un motel. Tout le matériel de peinture, des toiles vierges de toutes les tailles, tout l'attirail nécessaire au subterfuge, Vérité porte tout ça dans ses bagages quand il embarque à Orly le 11 juin 1971 dans le sillage des cinq amis, direction Miami Beach.

Albert Parmentier ne desserre pas les dents du voyage. Si tout roule comme prévu, il revient dans une semaine avec sa part de 200 000 dollars. Et, en prime, un tableau de maître.

*

Au lendemain du coup, il retrouva Vérité dans sa chambre, en cachette de ses complices. Il le découvrit aussi aviné qu'hilare.

— C'est dans la boîte ! criait-il.

Deux toiles trônaient contre le mur. Albert Parmentier ne sut dire laquelle était la vraie, c'était incroyable et saisissant. Vérité avait achevé la nature morte en quelques heures à peine.

Durant les jours qui suivirent, Albert Parmentier ne cessa de se demander si Costano paierait. Le doute l'habita en permanence. Il ne cessa pas non plus de se demander si le caïd remarquerait quelque chose. Il observait les toiles, les retournait dans tous les sens, et ne releva jamais la moindre différence.

La copie retrouva le coffre de la Ford la veille du jour où la rançon fut versée. Oscar Rosenbaum et Albert Parmentier sursautèrent quand ils virent la première sacoche s'écraser sur le trottoir. Aux trois suivantes aussi.

Le soir même, il rentrait en France, ainsi qu'Oscar Rosenbaum et Jean Trassard. Leurs vols étaient à quelques heures d'intervalle. Les deux autres prenaient le bateau. Dans un quatrième avion, Vérité commandait du champagne à l'hôtesse.

*

À Paris, Albert Parmentier déposa le Manet dans un coffre à la Société Générale avenue Montaigne. Quand, une semaine plus tard, il apprit, de la bouche d'Oscar Rosenbaum, la véritable identité de celui qu'ils venaient de détrousser, il trembla au moins autant que ses amis. Il en conclut aussi, sur-le-champ, que son trésor était infourgable. Costano remuerait ciel et terre pour leur mettre la main dessus, il déplacerait surtout des montagnes pour laver son honneur.

La panique le gagna. Il versa quand même à Vérité les dix mille francs promis, que l'ivrogne but jusqu'au dernier centime avant de mourir écrasé par une voiture en plein jour à peine trois mois plus tard.

Albert Parmentier partit en Vendée, il acheta un camping, puis un autre et enfin un troisième. Il ne rouvrit jamais le coffre.

Il s'arrête. L'évocation de tous ces souvenirs le remplit d'émotion. Il a fait plusieurs pauses au fil de son récit, il m'a parfois jeté des coups d'œil un peu honteux, d'autres assez fatalistes, une pointe de regret ou peut-être d'amertume. C'est loin.

— Vous vous demandez sans doute si c'est moi qui ai tué Vérité, si c'est moi qui lui ai roulé dessus.

Il a les lèvres closes. Je tente de rester impassible.

— Ça n'est pas moi, murmure-t-il.

Il lève les yeux, montre la salle d'un petit geste de la main.

— Je sais qu'il y a au moins dix policiers autour de nous. Ou bien des vigiles, une société de gardiennage, peu importe. J'ai reconnu votre avocat, je l'ai vu en photo sur un article, il est au fond. Je sais que je peux ressortir menottes aux poignets au moindre signe de votre part.

Je me sens démasqué, la crainte s'empare de moi sans que je sache pourquoi.

— Ça n'est pas moi qui ai roulé sur Vérité. C'est quelqu'un d'autre. Que j'avais payé dix mille francs.

Un frisson me parcourt.

— J'avais trop peur qu'il parle, dit-il comme pour s'excuser. J'étais retourné voir les toiles dans sa chambre le surlendemain, je l'avais découvert dans le couloir, tentant de séduire une femme de chambre…

Il balance la tête de droite à gauche sans me quitter des yeux, pénétré par ses aveux. Il me dit aussi qu'il paya la sépulture du vieil artiste ivrogne, une belle concession dans une allée fleurie du Père-Lachaise.

Une foule d'images se superpose dans mon esprit, un puzzle vertigineux sur presque cinquante ans, au centre duquel je me suis glissé par erreur. Ma vie qui prend un virage ridicule, une erreur d'aiguillage, un hasard plutôt qu'un autre et tout tourbillonne dans le mauvais sens sans que je comprenne rien, la prison pour moi quand Albert Parmentier lui-même ignore tout des circonstances de mon drame, moi derrière les barreaux, à des années-lumière de l'histoire véritable, qui prend fin tout de suite, un matin calme, dans une brasserie du vieux Rennes. Je suis en face d'un meurtrier, cinquante ans de mensonges, une brillante arnaque et la peur et tout ça me dépasse, il me raconte une histoire qui ne me concerne plus même si j'y fus mêlé.

Mes soupirs se succèdent et je ne sais pas quoi dire.

Il me lance un sourire triste.

— Vous connaissez toute l'histoire, dit-il. Je suis vraiment désolé. Je voulais tout vous raconter.

Je bredouille un merci vague, je regarde ce vieux sans voir le truand qu'il fut : il n'y a plus qu'un retraité gentil malgré tout ce qu'il vient de me confier. Je rends les armes, j'ai presque envie de pleurer sur son épaule.

— Je vous le répète, continue-t-il, même si je n'y suis pour rien, je n'ai pas pu m'empêcher de me sentir en partie responsable quand j'ai découvert la vérité sur votre histoire.

— Vous n'y êtes pour rien, je lâche doucement.

— Je sais. Mais vous avez passé trois ans en prison sans avoir rien fait. Moi, je n'y ai jamais mis les pieds. Du moins, pas pour cette histoire. J'ai beaucoup hésité avant de vous appeler, c'était peut-être risqué. Mais il m'a semblé que c'était le minimum que je puisse faire.

Je le remercie en face.

— J'ai quelque chose pour vous, dit-il enfin.

Il plonge la main dans la poche intérieure de son manteau étalé près de lui. Au comptoir, deux gaillards sont prêts à réagir. Il sort une petite enveloppe brune qu'il pose entre nous.

— Je ne vais pas vous la donner ici, on vous demanderait de quoi il s'agit en sortant. Je vais la garder et vous la poster tout à l'heure. Vous la recevrez d'ici deux jours. Mais je voulais vous la montrer. C'est la clé du coffre où dort le Manet depuis 1971. C'est pour vous.

XXXI

Yvan

Nous sommes sortis de la brasserie ensemble, je n'ai alerté personne. Sur le parvis du Parlement, je lui ai demandé pourquoi il m'avait proposé Rennes comme lieu de rendez-vous. Il lui avait semblé que c'était le bon endroit pour clore mon aventure, une manière de boucler la boucle. Quand je lui ai dit que cette toile qui m'attendait serait aussi invendable pour moi qu'elle l'avait été pour lui, il m'a répondu que tout était trop vieux pour encore comporter le moindre risque.

— Costano est mort depuis longtemps, a-t-il murmuré, sa femme et son petit frère aussi, tout le monde a oublié, l'histoire est enterrée depuis des décennies.

Il m'a parlé tout bas.

— Confiez-la à un ami. Il prétend l'avoir dénichée sur un vide-grenier le dimanche matin à la campagne, il la fait expertiser puis la met aux enchères.

Je buvais ses paroles.

— Ce genre d'histoire arrive souvent. Dans le marché de l'art, tout est possible. Croyez-moi, vous ne craignez rien.

— Pourquoi ne pas l'avoir fait vous-même ?

— Pour les mêmes raisons que celles qui m'ont conduit à vous raconter tout ça. La culpabilité. Depuis quarante ans, il ne se passe pas un jour sans que je repense à Vérité. Mais là, c'est vous qui n'y êtes pour rien.

J'ai regardé Albert Parmentier s'éloigner doucement. Il faisait froid. Le vieux bonhomme a sorti ses gants et les a enfilés en traversant la place, il a rejoint l'anonymat de la foule, bientôt plus qu'une silhouette parmi tant d'autres. Il est sorti de ma vie comme il y était apparu et est retourné à la sienne. Je suis resté sans bouger plusieurs minutes. Il avait disparu.

J'ai tout raconté à Didier. Il était livide. Deux jours après, j'ai reçu l'enveloppe brune. Nous sommes allés ensemble à Paris. À l'accueil de la Société Générale, j'ai fourni tous les papiers nécessaires. On nous a conduits à la salle des coffres et l'on nous a laissés seuls. C'est moi qui ai ouvert.

À l'intérieur, il y avait un grand carton à dessins que nous avons posé par terre. Nous avons défait les nœuds avec des gestes maladroits, impressionnés et timides. Et découvert la toile comme on assiste à une apparition, un bouquet de fleurs mauves qui s'est offert en silence et qui nous a laissés muets. Après un moment, j'ai soufflé que ça n'était pas terrible. Didier a étouffé un rire nerveux.

Dans le coffre, il y avait aussi une photo, une grande photo jaunie prise en 1961. C'est une photo de classe, il y a une ardoise posée au sol, lycée Malherbe, Montreuil, section mécanique. En l'inspectant ensemble, nous avons reconnu les deux Trassard, puis Albert Parmentier. Didier a pointé celui qui semblait être Paco Mayer. Au final, le sourire d'Oscar Rosenbaum nous a sauté au visage.

*

Je n'ai pas encore digéré toute l'histoire. Nous n'avons rien fait du tableau, nous l'avons remis à sa place. En nous documentant, nous nous sommes rendu compte qu'un Manet vaudrait peut-être plusieurs millions d'euros, ça m'a donné le vertige. Didier refuse de jouer le chineur chanceux dominical, c'est contraire à ses principes. Je comprends. Il m'a proposé avec un petit sourire de me trouver quelqu'un pour jouer ce rôle. On verra.

Pour l'heure, je me réacclimate. Je m'émerveille parfois d'insignifiants détails. Tout à l'heure, en embarquant, une vieille Anglaise a tendu son billet à une hôtesse en renversant son sac à main sur ses pieds, elle disait : « Je suis pardon, je suis pardon », j'ai trouvé ça drôle.

Je suis sur le pont supérieur, les bras croisés sur la rambarde. Le moteur tourne, la fumée noire tournoie dans le vent, des mouettes nous frôlent. J'ai mon sac à mes pieds, il fait un peu froid mais mon cœur bat. D'ici, je vois l'hôtel dans lequel je voulais passer la nuit il y a trois ans. Au bout de la rue, caché par l'église, il y a le grand bar dont les chiottes si cosy m'accueillirent plusieurs heures.

Marine et Hakim sont sur le quai, Didier aussi. Ils me font de grands signes du bras. Je leur ai promis d'organiser leur venue pour Noël en compagnie de ma mère. Elle me regarde partir, elle a fermé le col de mon blouson en m'embrassant. Même mon patron a fait le déplacement. En me serrant pour la dernière fois la main, il a glissé dans ma poche une enveloppe, mille euros en liquide, ça t'aidera à tenir, a-t-il dit.

Ça y est, c'est fini. Six ans de sommeil puis trois d'enfermement. Neuf ans au total. Un roman publié. J'en avais commencé un autre mais je n'y ai pas retouché depuis que je suis dehors. Plus tard, peut-être. Pour le moment, je veux vivre à pleins poumons. Pour le moment, je me fous aussi des millions qui dorment dans un coffre. Je ne réalise peut-être pas encore. Pour le moment, je vais être barman à Londres, enfin, prendre les bus à étage et me sentir en vie. J'en rêve depuis trois ans. Je regarde encore la France, mes amis sont sur le quai. Ma vie m'attend en face.

Le moteur vrombit, la fumée s'épaissit. Marine fait des bonds, Didier me montre du doigt en dansant les claquettes. Mon patron et ma mère m'envoient ensemble des baisers. Hakim me dit au revoir de la main. Ils sont beaux. Une dernière surprise, je sors de ma poche un serpentin de papier, je le lance dans les airs, un tourbillon ridicule comme dans *La croisière s'amuse*, ça les fait rire et moi aussi. Un couple à côté de moi me voit faire, il partage ma joie sans rien savoir de l'importance que ce geste a pour moi.

Ce soir, je prendrai une pinte au pub.

J'ai toujours su que je m'en sortirais.

Épilogue

I

J'étais barman, j'avais trouvé une place. Le pub donnait sur Hyde Park, et ma chambre, sur un petit square. La fenêtre s'ouvrait de bas en haut, j'avais, dès le matin, ma part d'exotisme en l'actionnant. Au départ, bien sûr, ça n'avait pas été bien simple. Mon niveau d'anglais s'était avéré plus que moyen malgré le petit précis de grammaire que j'avais travaillé en cellule. Et puis cette liberté, dont j'avais tant rêvé, n'était pas si facile à retrouver. Mais je n'avais pas désarmé, je m'étais jour après jour frayé un chemin, étroit, sinueux et escarpé, mais qui m'appartenait. Quand j'étais au collège, les durs, dans la cour, disaient : « Trace ta route » à ceux qu'ils voulaient voir dégager. Grégory Fourrier, un caïd de treize ans, me l'avait un jour ordonné. J'avais obtempéré, je m'en souviens, j'avais eu les glandes. À présent, je traçais ma route, justement. Parfois, je souriais tout seul.

Digérer toute l'histoire ne s'était pas non plus fait en un jour. Réaliser au centre de quoi je m'étais retrouvé, prendre conscience que c'est à moi que c'était arrivé, m'approprier toutes ces coïncidences, ces destins enchevêtrés, la douleur et le sang, mes trois années de prison, il m'avait fallu du temps. Il m'arrivait encore de revivre mon arrivée 126, quai Laclavetine, je me réveillais parfois dans des draps trempés de sueur. Mais l'horreur s'estompait, je parvenais maintenant à revoir les visages de ces brutes sans fermer les yeux, et à penser à Costano, Jacques Trassard, Albert Parmentier et tous les autres sans avoir le vertige. J'avais peu à peu pris ma place au milieu de ce tourbillon.

Et puis Londres. J'étais tombé amoureux de cette ville. J'avais passé des heures à y flâner, j'en connaissais divers quartiers où j'avais désormais quelques habitudes. Il en allait de même pour le pub qui m'employait, je m'y sentais bien, le décor me plaisait, la musique, je servais parfois en battant la mesure. Là aussi, j'avais trouvé ma place.

Après plusieurs mois d'acclimatation, j'avais un soir fait la connaissance de Nicole au milieu du brouhaha. Dans les jours qui avaient suivi, nous avions marché dans Hyde Park. Elle était belle, simple et pleine de vie. J'aimais même son prénom. Elle avait dit de ma chambre qu'elle était *lovely*. J'étais sous le charme. Quand son regard était tombé sur la couverture de *Quatre étoiles et nicotine*, que j'avais négligemment laissé traîner sur le lit, elle avait constaté que l'auteur et moi portions le même nom. Quand je lui en avais expliqué la raison d'un air détaché, elle m'avait dit avec un sourire magnifique que la mise en scène était habile. Je m'étais senti piteux, elle était radieuse et je l'aimais déjà. J'apprendrais par la suite que c'était réciproque.

Je lui racontai mon histoire après plusieurs semaines. Elle n'en revint pas. Elle me posa toutes sortes de questions, je lui fis même un schéma pour qu'elle visualise tout. Elle écarquillait ses yeux en silence. La discussion eut lieu un après-midi devant une théière fumante.

J'étais devenu britannique.

∗

Deux ans à Londres, un an et demi en compagnie de Nicole. J'avais emménagé chez elle. Entre-temps, j'avais écrit un deuxième roman, *Falbala*, un accueil mitigé de la part des critiques mais des chiffres de vente en hausse. Plusieurs clients du pub en avaient acheté un exemplaire sans en comprendre le moindre mot. Dan, mon patron, voulait que je lui traduise mes ouvrages. Nicole aussi.

Et Nicole, surtout, commençait à suivre du regard les poussettes dans la rue. Je consultais parfois les annonces immobilières. Nous évoquions certains prénoms. L'envie de faire un enfant s'imposa doucement. Ça ne marchait pas encore, nous attendions ce grand jour où le test serait positif.

C'est durant cette période que je décidai de sortir le Manet de son coffre de l'avenue Montaigne. Ce que je nommais notre poire pour la soif, que j'avais traduit mot à mot à Nicole devant ses yeux rieurs. *A pear for the thirst.* En anglais, ça ne voulait rien dire. C'est durant cette période que je sentis que je n'avais pas vécu tout ça pour rien, que le moment était venu de recueillir les fruits de ma triste aventure. Exhiber le tableau, le mettre aux enchères. Des millions qui tomberaient. Un grand appartement pour y fonder une famille. Un point final superbe pour une réelle seconde vie, retomber sur ses pieds, boucler la boucle. Ma trajectoire malheureuse et chaotique prendrait enfin tout son sens.

Je prévins Didier, qui se chargea de sortir la toile. Finalement, il l'amena lui-même chez un expert afin de mettre la machine en route. Nous ignorions combien de temps tout cela pourrait prendre.

Ce fut beaucoup plus rapide que prévu. C'est là qu'intervint le choc, le vrai choc, après deux ans de vie londonienne. Après deux ans passés comme un poisson dans l'eau, je reçus un e-mail, Didier, quelques mots glacials, un coup de poing unique qui faillit me rendre fou.

Cher Yvan,
Je préfère t'écrire plutôt que t'appeler. C'est une terrible nouvelle : la toile est fausse. Je ne comprends pas. J'imagine ta déception. Je suis là pour toi comme je l'ai toujours été. Je t'embrasse, embrasse Nicole.
Ton ami,
Didier.

Je me mis à trembler face à l'écran. Je relus cent fois le message. Je n'entendis pas Nicole qui rentrait derrière moi.

Je me suis levé, j'ai marché jusqu'au couloir et mis mon blouson, elle s'est approchée, elle m'a demandé ce qu'il y avait. Je l'ai serrée dans mes bras, j'ai respiré son odeur, j'ai été bref. La toile est fausse. Je veux savoir. Je veux savoir la vérité, comprendre une fois pour toutes. Je lui ai dit que je devais partir en France. Elle a voulu comprendre, m'a dit d'être prudent, m'a proposé de m'accompagner. Il n'y avait rien d'autre à faire. Avant de refermer, je lui ai dit *Je t'aime*. Elle aussi.

J'ai hélé un taxi, j'ai gagné la gare. J'ai mes papiers, ma carte de crédit, mon téléphone.

L'Eurostar part dans onze minutes. Je suis assis, je regarde fixement le fauteuil vide en face de moi.

Dans deux heures, je suis à Paris.

II

Depuis le train, j'ai appelé Didier. Je l'ai prévenu de mon arrivée. Il cherchait des paroles réconfortantes, partageait mon désarroi, se perdait en hypothèses. Il m'a invité chez lui ce soir mais j'ai décliné. Pas le temps. Plus le temps. L'unique urgence est d'apprendre la vérité sur mon histoire, peu importent les millions qui s'envolent et les perspectives qui se réduisent. Je n'ai pas à être consolé. Le problème n'est pas là.

Je n'ai pas *envie* de savoir. J'en ai *besoin*. Comme la famille d'un disparu qui préférerait apprendre sa mort plutôt que de rester en pleine incertitude. J'ai besoin de savoir pour continuer ma vie, la reconstruire sur des bases qui ne soient pas des mensonges.

J'ai demandé à Didier de me trouver l'adresse d'Albert Parmentier. Je vais aller le voir. Lui seul peut faire la lumière sur mon parcours. Lui seul peut m'expliquer pourquoi il s'est foutu de moi de cette manière, quel but il poursuivait. Il n'y a que lui qui puisse tout expliquer. Impossible qu'ils se soient trompés de toile au moment de la remettre dans le coffre de la voiture à Miami Beach.

Didier se sentait inutile, j'étais déjà seul, muré dans ma détermination. Je lui ai redemandé les coordonnées du vieux, il m'a dit qu'il me les enverrait par SMS. Il m'a demandé de faire attention, on approchait du tunnel, je l'ai entendu, inquiet, tenter de me raisonner, et ça a coupé.

*

J'ai loué une voiture. Devant le modèle que me conseillait l'employé, j'ai demandé si ça roulait vite. Il m'a regardé d'un drôle d'air en me répondant que la vitesse était limitée à 130, que c'était suffisant, les radars et la sécurité, j'ai abrégé. Je l'ai prise.

J'ai cinq heures de route jusqu'aux Sables-d'Olonne. J'ai déjà failli prendre trois ronds-points à l'envers, deux ans que je n'ai pas conduit en France. À ma sortie du tunnel, j'avais un message de Didier sur mon téléphone, c'était l'adresse du vieux. Un de Nicole, aussi, qui s'inquiétait. Je l'ai rappelée, je lui ai dit de ne pas s'en faire et de prévenir Dan que je serais absent quelques jours. Quand elle m'a demandé où j'allais, je lui ai parlé de la Vendée et d'Albert Parmentier. En lui faisant le récit de mon aventure, j'avais évoqué ce fameux plat, le hachis parmentier, pour tenter de lui traduire mot à mot les moindres détails de l'histoire. Ça nous faisait rire. Le seul équivalent que j'avais alors trouvé était le chili con carne, une recette célèbre aussi outre-Manche. Depuis, nous parlions parfois d'Albert Chiliconcarne.

Mais tout à l'heure, quand je lui ai dit que je me rendais chez lui, ni elle ni moi n'avons souri dans le combiné.

266

*

Je me suis fait flasher à 140 au lieu de 110.

La preuve de mon passage ici. J'ai pensé à ça tout de suite. J'ai aussi immédiatement réalisé que les gares de Londres et de Paris m'avaient filmé montant et descendant de l'Eurostar. L'agence de location de voiture a enregistré mon paiement par carte bancaire. Mon téléphone est allumé depuis le départ, on peut me suivre à la trace. Tous les moyens de me retrouver sont là, une ligne en pointillés qui clignote sur un écran, tous les réflexes paranoïaques d'il y a cinq ans ont resurgi, comme si une toile tentait de nouveau de se tisser autour de moi sans que j'y puisse rien.

Mais aujourd'hui, tout est différent.

Il y a cinq ans, je voulais inverser le cours des choses et je m'apprêtais à commettre un cambriolage. Par la suite, je n'ai fait que subir, je m'en rends compte aujourd'hui. J'ai subi la police et les preuves accablantes, la justice et ma maladresse, j'ai subi la prison, mon compagnon de cellule. Même ma délivrance, je ne la dois qu'à un coup du sort, et l'épilogue, cet Albert Parmentier qui surgit pour me tendre la main et m'offrir des millions. Depuis mon entrée au 126, quai Laclavetine, je n'ai plus été qu'un petit objet qui passe de main en main, au gré des hasards, des coïncidences ou des volontés de chacun.

Aujourd'hui, je reprends la main, justement. C'est moi qui me rends au-devant de la suite. C'est moi qui décide, c'est moi qui provoque. Je n'ai pas à me cacher. Je ne suis plus un des personnages de l'histoire. C'est *mon* histoire.

III

Il fait nuit. J'ai sonné au portail, un spot s'est allumé, une caméra aussi. J'ai entendu sa voix dans le haut-parleur nasillard, il m'a demandé de me reculer d'un pas et m'a aussitôt reconnu.

— Yvan ? Je vous ouvre.

J'ai pénétré dans le grand parc, je me suis garé devant la villa. Je crois qu'il y a la mer derrière. Il m'attendait sur le perron.

— Ma femme est là, m'a-t-il dit. Venez, allons dans le garage.

Nous avons marché sur le côté de la maison. Il n'avait pas l'air surpris de me voir. Assez heureux, même. Vaguement paternel.

— Alors, m'a-t-il dit une fois la porte refermée.

Il souriait et la colère m'a envahi, je l'ai poussé des deux mains, il s'est retenu contre une voiture. Il a blêmi, s'est redressé, m'a demandé de me calmer et je l'ai giflé de toute ma force.

— La toile, ai-je assené. Elle est fausse.

Je l'ai vu soudain fragile, stupéfait, désarmé. Il bredouillait je ne sais quoi, faisait des gestes du bras. Je l'ai giflé à nouveau, je lui ai ordonné de ne pas chercher d'issue.

— Mais Yvan, a-t-il fini par bafouiller, c'est impossible…

— Fausse ! ai-je hurlé. Et vous allez me dire pourquoi !

Il ne me quittait pas des yeux, il avait peur, il réfléchissait en craignant ma réaction. J'étais face à lui, contenant ma hargne, attendant qu'il parle.

J'ai voulu le gifler encore mais il a joint les mains sur son visage, j'ai retenu mon bras. Il était pétrifié, tant par ma violence que par ce que je venais de lui annoncer. J'ai reculé, je me suis détendu d'un coup. Il était soudain aussi désorienté que moi.

— Je ne comprends pas, répétait-il. Comment…

J'ai coupé court à ses jérémiades.

— C'est Vérité, ai-je tranché. C'est lui qui vous a baisé. C'est lui qui a gardé la vraie.

J'ai fait quelques pas en rond, je parlais fort et pour moi-même, il était prostré contre la voiture, me regardait réécrire l'histoire.

— C'est un autre que lui qui est enterré au Père-Lachaise. Lui, il a vécu vieux avec votre tableau. C'est lui qui vous a eu. Il vous a refilé une copie, il a gardé le Manet, il l'a revendu, voilà ce qui s'est passé.

— Non, avance-t-il. Vérité est mort.

Il parle tout bas, il me supplie de le croire. Il est sur le point de se mettre à pleurer.

— Il est mort. Écrasé en plein jour. Je suis allé à la morgue m'en assurer, souffle-t-il. J'avais soudoyé un des employés, il m'avait fait rentrer, j'ai reconnu son corps. Il est mort.

— Alors qui ? ai-je sursauté.

Il a sursauté aussi, j'ai vu ses yeux pleins de larmes et d'effroi. Il m'aurait fait pitié si je n'avais pas été en rage.

— Qui ? !

— Arrêtez, Yvan, arrêtez, je ne sais pas, je suis désolé.

Il parlait comme un enfant.

— Vérité s'appelait comment ?

Il m'a regardé sans comprendre.

— Son vrai nom ?

J'étais ferme. Prêt à le gifler une troisième fois. Pas le temps non plus de le regarder se débattre parmi ses remords.

Il ne savait pas. Pour tout le monde, c'était Vérité. Il ignorait tout le reste, son état civil, son passé, sa date de naissance, Vérité n'était qu'un clochard incroyable, un pilier de bar, un faussaire magique. Mais rien de tangible, aucune précision supplémentaire. Une adresse, oui. L'adresse de sa tombe. Au Père-Lachaise, chemin du Tertre, emplacement 42.

Je suis sorti, je suis remonté dans la voiture. Le portail s'est ouvert quand je suis arrivé devant. Albert Parmentier me regardait peut-être m'éloigner, je n'ai pas levé les yeux vers le rétroviseur.

Paris, Montmartre. Vérité m'obsédait.

Quarante-cinq ans plus tard.

∗

Sur la route, j'ai rappelé Didier. Je lui ai dit qu'Albert Parmentier n'avait lui aussi été qu'une marionnette dans cette histoire. Il avait du mal à me croire, tentait de me ramener à la raison en évoquant les difficultés au-devant desquelles j'allais. J'étais sourd à ses conseils.

— C'est Vérité qui a eu le dernier mot, ai-je dit. C'est lui qui a endormi tout le monde. Il faut que je le retrouve.

— Yvan, clamait-il, arrête. C'est trop vieux, trop loin. Il faut que tu tournes la page. Tu n'arriveras à rien, tout le monde a échoué. Et puis tu as vu tous ces morts ? Tu t'en souviens ?

— Justement. J'ai vu l'horreur et je veux savoir pourquoi. Je veux savoir pourquoi j'ai enduré tout ça.

— Je comprends ta déception mais…

— Je ne suis pas *déçu*. Je suis en colère.

Il m'a supplié de me calmer, de me garer et de dormir. J'ai refusé.

— Il faut que tu trouves le vrai, la vraie toile. Il faut que tu me dises où elle est. Et à qui elle appartient.

Je l'ai entendu soupirer. J'ai répété ce que j'attendais de lui. Je roulais vite.

— D'accord, je vais voir ce que je peux faire. Écoute, viens à la maison, on va discuter, ça va te faire du bien.

— Non. Merci mais j'ai prévu autre chose en attendant.

— Mais tu vas faire quoi ? s'est-il emporté. Yvan, qu'est-ce que tu vas faire ? !

— Je vais à Montmartre. Je vais chercher Vérité.

✳

Deux jours que j'écume Montmartre.

Un ivrogne, un puits de culture. Un surnom, Vérité. Peintre à touristes aux puces de Saint-Ouen. La cinquantaine en 1971. C'est tout ce que je sais. Depuis deux jours, j'ai répété cent fois ces phrases. J'ai interrogé beaucoup d'artistes et refusé plusieurs portraits. Personne ne sait. Certains font mine de chercher. D'autres, même pas.

272

Je suis aussi allé dans plusieurs cafés aux noms évocateurs, *Les Artistes, La Palette, Le Fusain de Dieu*, j'ai renouvelé mes questions en guettant une réaction. Rien.

Aux Puces non plus, personne ne voit. C'est si loin.

J'ai pris une chambre à l'hôtel. Depuis deux jours, je n'ai pas beaucoup dormi. Je me suis acheté quelques affaires, j'étais parti sans rien. Au téléphone, Didier m'a dit qu'il se faisait du souci pour moi. Nicole aussi. Je les inquiète.

Il ne faut pas. Je vais très bien.

*

Didier a réuni quelques informations. Le tableau s'appelle *Les Acanthes*. C'est le nom des fleurs mauves qu'il représente. Il date de 1879. Le dernier propriétaire connu est un industriel parisien mort en déportation, ses biens éparpillés dans les caisses du nazisme. Rien sur la suite.

— Il faut que tu réussisses à savoir, ai-je poursuivi.

— Impossible. Et crois-moi, j'ai tout tenté. J'ai appelé un confrère, il a le musée du Louvre parmi ses clients. C'est la plus grosse banque de données du monde. Même lui, il n'a rien découvert de plus.

J'ai raccroché.

Moi, je saurai. Quitte à dévoiler toute l'histoire et secouer des décennies de poussière. Je vais savoir.

En me disant cela, je ne me doutais pas que j'étais sur le point de faire une rencontre déterminante.

IV

Un bar de plus. Les murs couverts d'esquisses en tout genre, un patchwork d'affiches, des morceaux de toiles qui dépassent çà et là, des bouts de cravates qui pendent du plafond, un décor que les touristes doivent trouver si pittoresque avant de payer cinq euros leur café.

Je suis au comptoir. J'ai posé mes questions au patron, il a mon âge, il n'en sait pas plus que moi. Son père, ou son grand-père, peut-être, mais ils n'habitent plus Paris, ils ont regagné leur Auvergne natale. J'allais couper court à son exposé quand il m'a parlé d'une aide éventuelle, un client quotidien, André, la mémoire du quartier.

— C'est le monsieur au fond qui lit le journal.

Je me suis approché lentement du vieil homme. Très vieux. Le dos courbé sur sa chaise, les yeux plongés dans sa lecture. Des mains fines et fripées. Sentant ma présence, il a levé la tête. Il portait de grosses lunettes, les verres comme des loupes sur de petits yeux gris. Une écharpe orange. Nous nous sommes regardés, je crois que j'ai souri. Devant lui se trouvait un petit verre de vin blanc à moitié vide.

Il a doucement replié le journal qui s'étalait sur la table et a attendu que je parle.

— Avez-vous connu un peintre, il y a environ quarante-cinq ans ? ai-je commencé. Il se faisait appeler Vérité.

Un petit rictus sur son visage, un vague éclair dans son regard. Je ne sais pas s'il réfléchit, s'il se remémore ou s'interroge.

— Qui êtes-vous ? finit-il par répondre.

✳

J'ai pensé que c'était lui. Que je l'avais réveillé d'entre les morts. Que j'avais retrouvé celui qui avait roulé tout le monde il y a près d'un demi-siècle. J'ai contenu mes certitudes, j'ai avancé pas à pas. Y aller doucement. Ce type se cache parmi la foule depuis tellement longtemps, je ne vais pas le démasquer du premier coup. Je suis assis face à lui, il n'évite pas mon regard. Ses vêtements sont usés. Il parle doucement.

Il a connu Vérité. Il s'en souvient sans peine. Ils peignaient parfois côte à côte. Je traque les incohérences dans son discours mais il connaît sa partition, je me demande comment il a pu s'y prendre, qui repose à sa place au Père-Lachaise.

Après tout, peu importe qu'il avoue ou non. Peu importe qu'il parle de lui-même à la troisième personne ou bien d'un autre. Je peux repartir avec ce doute s'il me dit ce qu'il advint des *Acanthes* en 1971. S'il me dit pourquoi, depuis deux ans, je pense avoir des millions dans un coffre quand ma fortune n'a jamais existé.

— Vous m'écoutez ?

— Oui, pardon.

— Non, vous ne m'écoutiez pas, dit-il en souriant. Vérité avait du talent. Il avait vendu un soi-disant Picasso à un antiquaire du Marais…

— Je connais cette histoire. Un an à Fleury-Mérogis.

Il est surpris.

— Que savez-vous d'autre ?

J'ai l'impression qu'il est soudain méfiant.

— Pas grand-chose, dis-je.

— Je vous pose cette question parce que moi, justement, je n'ai jamais su ce qu'il avait fait ensuite. J'ai toujours pensé que son accident n'en était pas vraiment un.

— Pourquoi ?

Je ne sais pas quoi penser, je ne sais pas en face de qui je me trouve.

— Je ne sais pas, soupire-t-il. C'est étrange. Mais je suis certain qu'il avait fait quelque chose d'assez douteux. Il avait des liasses de billets dans les poches.

Je tente, je mets les pieds dans le plat.

— Dix mille francs, dis-je.

Il ne frémit pas, ma révélation n'en est pas une, mes paroles glissent. Je suis suspendu à sa réaction mais c'est moi qui chavire en entendant ce qu'il me répond.

— Ah non, pas dix mille francs ! Dix mille francs, c'était une somme en 1971, d'accord, mais Vérité avait empoché beaucoup plus.

Je me retiens de bondir.

— Comment ça ?

— Il souhaitait acheter une maison sur les bords de Marne et quitter sa chambre de bonne.

— Un délire d'alcoolique…

— Non, non, me coupe-t-il. Vérité buvait beaucoup mais il ne racontait pas n'importe quoi. La preuve, il ne m'a jamais dit d'où provenait tout cet argent. Il savait ce qu'il faisait et disait.

Je garde le silence. J'ai les yeux baissés. Je tourne ses phrases dans tous les sens sans trouver aucune faille et me rends compte que ce vieux dit sans doute vrai. À quoi bon me raconter des histoires quand il lui aurait suffi de me dire dès le début qu'il n'avait jamais connu l'ivrogne ? Pourquoi travestirait-il la vérité alors qu'il aurait été si simple de ne rien me dire du tout ?

— Je vois que vous n'allez pas beaucoup m'éclairer, regrette-t-il.

Je relève les yeux et les pose sur le vieil homme. Beaucoup plus de dix mille francs. La preuve irréfutable que Vérité, dans ses cuites astronomiques, ne perdait ni le nord ni le sens des affaires. La certitude qu'il avait, dans son coin, tiré parti de la situation et étourdi Parmentier. Peindre un faux mais pour son propre compte. Rentrer à Paris puis prendre la tangente. Revendre la toile à un collectionneur discret. Le coup de maître, si Parmentier n'avait pas pris peur.

— Vérité, c'était un sacré numéro, reprend le vieillard. Nous ne sommes d'ailleurs pas les seuls à nous souvenir de lui. Je suis allé sur sa tombe il y a environ un an, je me promenais. Il y avait un très joli bouquet de fleurs encore fraîches.

— Quoi ?

— Oui, un bouquet, dit-il. Cela m'a fait plaisir pour lui. Sa tombe n'est pas à l'abandon.

Je me lève. L'entretien a assez duré. Un autre quartier de la ville m'attend. Le cimetière du Père-Lachaise.

— Je m'appelle Yvan, lui dis-je avant de sortir. Vous êtes souvent ici ?

Il garde ma main dans la sienne.

— Oui, tous les jours. Si vous apprenez quelque chose, vous passerez me raconter ?

Je lui dis que oui mais je sais déjà que je ne reviendrai pas.

*

Je suis à l'arrière d'un taxi. Nous roulons vers le cimetière. Je me répète l'adresse, chemin du Tertre, emplacement 42. Peut-être un bouquet. Faire le guet. Attendre. Voir qui vient encore fleurir sa tombe.

Je sors mon téléphone, j'appelle Parmentier. Il décroche vite.

— C'est Yvan. Est-ce que vous envoyez parfois des fleurs sur la tombe de Vérité ?

— *Yvan ?* Des fleurs ?

— Dites-moi oui ou non, c'est tout ! Avez-vous déjà fait déposer des fleurs sur sa tombe ?

— Non.

— Merci. Au revoir.

C'est donc quelqu'un d'autre.

*

Un dédale de caveaux. Des allées sinueuses comme dans un parc, des arbres, des badauds. Beaucoup de touristes. Des mères de famille qui baladent leurs poussettes au milieu des pierres tombales. C'est la promenade.

Je marche vers le chemin du Tertre. J'ai acheté un plan à l'entrée. Mon regard passe sur certaines épitaphes, j'avance. J'ai dépassé la tombe de Balzac. Si je n'avais pas celle de Vérité en ligne de mire, je songerais peut-être à ces dépouilles célèbres qui reposent là tandis que des gamins jouent au-dessus.

Mais ça n'est pas le moment. Je suis dans son allée. Je compte les dalles. Si mon calcul est juste, j'aperçois d'ici la sienne. J'avance et raffermis mon pas. Ce que je vois me fait déjà frémir.

Je m'arrête. Son nom est là, gravé dans le marbre, mais il était inutile de m'en assurer. Ce que j'ai aperçu de loin est maintenant sous mes yeux grands ouverts. Un vase jaune. Il y a des fleurs fraîches, en effet. Mauves.

Ce sont des acanthes. C'est le bouquet de mon tableau.

V

Je suis allé voir un des gardiens, costume et casquette noirs, il marchait vers moi. Il m'a écouté sans s'arrêter, plein d'importance.

— Savez-vous qui vient fleurir cette tombe, et quand ?

Il a voulu m'écarter d'un geste vague, a soufflé que le passage était énorme et quotidien.

— On a tout le monde, ici, Montand, Proust, Piaf, Jim Morrison, vous ne pouvez pas imaginer, on ne peut pas surveiller tout ce qui se passe.

J'ai fait un pas de côté pour me trouver face à lui, il a failli trébucher.

— J'ai *besoin* de savoir, ai-je dit.

Il s'est reculé, m'a considéré d'une autre manière. J'ai montré la tombe de la main. Il plissait les yeux en la regardant, il cherchait. Puis les ramenant sur moi :

— Non, je ne vois pas. Aucune idée.

Je me suis planté devant la sépulture. Des acanthes mauves. J'ai touché les fleurs fraîches du bout des doigts. Quelqu'un passe régulièrement. Quelqu'un, quarante-cinq ans plus tard, rend hommage à Vérité chaque semaine, puisque les fleurs ne sont pas encore fanées. Quelqu'un, quelque part, sait ce qui s'est réellement passé.

Je vais attendre. Une semaine tout au plus. Ce sera suffisant. Je vais attendre et voir qui c'est, je vais apparaître, réclamer la vérité, l'obtenir, et tout se terminera.

✻

J'attends.

Je ne trouve pas le temps long. Déjà trois jours que je suis assis sur ce banc, que je fixe Vérité. Je suis chemin du Tertre. Il y a beaucoup de passage. Certains visiteurs se font photographier devant les monuments.

Chaque minute me rapproche du moment où je verrai enfin qui, dans l'ombre, entretient le souvenir du vieux peintre. J'ai songé à toutes sortes de scénarios. Aucun ne me paraît plus probable qu'un autre. Un enfant, peut-être, qu'il aurait eu avant de mourir. Un orphelin d'aujourd'hui quarante-cinq ans qui aurait retrouvé sa trace à force de recherches. Je ne vois pas ce que viennent faire les acanthes là-dedans.

Ou bien un ami, un vieil alcoolo comme lui qui aurait eu plus de chance. Un ami de l'époque à qui Vérité aurait raconté toute l'histoire, ou même confié le Manet. Non. Vérité n'avait sans doute confié la toile à personne. C'était son trésor.

Des fleurs chaque semaine. C'est une preuve d'amour, un lien d'une grande force entre les deux. Une femme. Une vieille femme qui marche à pas lents, qui aima Vérité. Qui revendit le tableau. Ou bien qui le possède encore et le contemple au quotidien.

Je ne sais pas.

J'attends.

*

Aucun recueillement, pas la moindre tendresse dans ses gestes. Un coup de brosse sur le marbre. Elle s'active. Elle prend les vieilles acanthes, les fourre dans une grosse poubelle qu'elle traîne derrière elle. Je me lève. De son sac, elle sort un bouquet frais, le même, je m'approche en la voyant le disposer dans le vase. Elle s'applique un peu plus. C'est une jeune, elle n'a pas trente ans, ça n'est ni sa femme ni sa fille.

Elle se recule d'un pas, penche la tête et contemple l'ensemble avant de partir.

— Excusez-moi !

Elle se tourne, me regarde.

— Vous faites partie de sa famille ?

Elle ne se méfie pas, n'est pas surprise par ma question. Elle me répond que non, qu'elle est juste fleuriste. Elle ajoute qu'elle n'est pas en avance, qu'elle a près de cent cinquante tombes à orner dans la journée.

— Vous pourriez me dire qui vous paie pour fleurir celle-là ?

Et sentant qu'elle est sur le point de partir :

— Je vous attends depuis trois jours, mademoiselle. C'est primordial pour moi. Il faut que vous me donniez le nom de votre client.

Si elle refuse, je la suis, je pénètre chez elle et fouille dans ses dossiers. Je trouverai moi-même. Je la regarde. Elle sort une cigarette de son paquet, l'allume. Elle recrache la fumée vers le ciel et me lance un sourire.

— Je vais passer un coup de fil, me dit-elle.

Elle s'éloigne de quelques pas, fouille dans son répertoire, vérifie d'un coup d'œil l'emplacement de Vérité. Elle appelle.

Ça a décroché. Je n'entends rien. Elle parle, je la fixe en me demandant qui se trouve à l'autre bout du fil et ce qu'ils se disent. La discussion est brève. Elle revient vers moi.

— Le client m'exhorte à vous transmettre ses coordonnées.

Elle a prononcé ces mots d'une voix rieuse et pleine d'emphase. Elle navigue dans les différents menus de son téléphone. Je retiens mon souffle.

— Voilà, finit-elle par dire. M. Théodore Descrières.

Elle a de nouveau pris la pause en me disant cela.

— Vous l'avez déjà rencontré ?

— Non. Ma mère, oui. C'est elle qui tenait le magasin avant que je le reprenne. Mais avec moi, tout ne se fait que par téléphone. Et puis c'est toujours le même bouquet, le même prix. Voilà son adresse.

Elle me la griffonne sur un petit bout de papier qu'elle finit par me tendre avant de partir. Elle me souhaite une bonne journée.

— Attendez, il vous a dit quelque chose au téléphone, il vous a demandé qui j'étais ?

— Non, rien du tout. Il m'a juste dit qu'il aurait grand plaisir à évoquer Vérité.

Je déplie le papier. Tout est là. La fille est déjà dans l'allée suivante.

Théodore Descrières. Théodore Descrières habite à Saint-Briac-sur-Mer, villa Joséphine, sur la pointe de la Garde-Guérin.

Je connais cette maison.

VI

J'ai appelé Nicole tous les jours depuis que je suis en France. Elle me manque. Tout à l'heure, je lui ai dit que je rentrerais bientôt. Demain, dans deux jours.

Je roule vers Théodore Descrières.

J'ai demandé à Didier de voir s'il trouvait quelque chose sur lui. Il m'a rappelé peu après : rien, nulle part.

— Mais tu ne sais même pas si c'est son vrai nom, m'a-t-il dit, tu ne connais rien de lui !

— C'est pour ça que j'y vais.

Il a insisté pour que je lui donne l'adresse exacte et j'ai accepté.

— Si tu ne m'appelles pas toutes les heures, je préviens la police et ils donnent l'assaut.

— Justement, il y a les flics au rond-point, je te laisse.

C'était faux. J'étais dans une grande ligne droite qui plongeait vers la côte. Il n'y avait pas le moindre uniforme à l'horizon.

*

Je me suis garé dans un chemin, le long d'un mur de pierre. C'est une butte, un dôme désertique et battu par les vents qui surplombe la Manche. La nuit tombe, le ciel est déjà noir. J'avance.

Il fait froid, j'ai les mains dans les poches de mon blouson. Là-bas, devant, je vois l'énorme bâtisse qui s'érige face aux criques.

Je connais cette maison parce qu'il y a deux ans, quand Hakim m'avait emmené au large des côtes à bord de son bateau, c'est dans ses environs que ma vue s'était troublée. Les horizons trop vastes m'avaient étourdi, nous avions dû rentrer. Je me souviens de ce superbe manoir qui trônait dans le soleil, sa majesté, ses fastes d'autrefois. Hakim en connaissait le nom, c'était la villa Joséphine.

Je suis au bord du parc. Il n'y a ni grille ni chien. Je pénètre doucement dans ce jardin que l'on a cessé d'entretenir. C'est une image étrange, un jardin en ruine.

Une fenêtre est allumée au rez-de-chaussée. Je m'approche et imagine le décor qui m'attend, un majordome septuagénaire, une Bugatti aux pneus crevés, une photo de Joséphine Baker. Une piscine vide et dans laquelle tombent les feuilles mortes. Je sonne.

La porte s'ouvre doucement sur un vieil homme, il affiche un beau sourire. Il est d'une grande élégance, une allure d'aristocrate. Un foulard.

Ses yeux se plissent soudain, son sourire se teinte de surprise, il semble se réjouir.

— Yvan ? me dit-il.

*

Il m'a fait entrer. Je n'ai rien loupé de ce que j'ai découvert. C'est somptueux. Je l'ai suivi, il avançait lentement, nous avons foulé un tapis aux proportions gigantesques. Les meubles sont comme des bijoux qui luisent dans la lumière du lustre. Il me désigne un fauteuil et en approche un second, nous allons prendre place tout près l'un de l'autre. Il fait bon.

— Comment savez-vous qui je suis ?, lui dis-je sans m'asseoir.

Il me sourit de nouveau.

— Je suis un de vos fidèles lecteurs, me dit-il avec respect. Quoi qu'en aient dit les critiques, j'ai pris beaucoup de plaisir à la lecture de *Falbala*.

Il parle bien, doucement, il savoure chacun des mots qu'il prononce. Il y a de la précision dans son ton. De la compassion, aussi, j'ignore pourquoi. Il me regarde comme une apparition.

En face de moi, le mur n'est qu'une immense étagère. Plus rien de précieux ni de rare sur ces planches. Un alignement dérisoire et sans valeur, comme des reliques dont il prendrait pourtant grand soin. Un verre ébréché, un tube de rouge à lèvres, une valisette métallique, un gant de cuir solitaire, des centaines d'objets alignés là du sol au plafond. Un sac en croco, une paire de lunettes noires, un vieux paquet de Celtique, quelques photos. Un candélabre. J'aperçois d'ici la couverture de *Quatre étoiles et nicotine*.

— Qui êtes-vous ? je lâche.

— Nous allons avoir des choses à nous dire. Pour ma part, je brûle d'apprendre quel bon vent vous amène.

Il parle avec une infinie douceur mais je veux aller droit au but.

— Vous savez très bien ce qui m'amène. La toile de Costano, Vérité, je veux savoir ce qui s'est passé.

— Comme je vous comprends, soupire-t-il en plongeant dans mon regard.

Il s'assoit lentement. Puis après un silence :

— Alors, Yvan, racontez-moi : la prison, comment était-ce ?

*

J'ai accepté sa façon de discuter. Il me presse de questions, d'insignifiants détails qui semblent, à ses yeux, revêtir une importance capitale. Tout à l'heure, il a voulu savoir dans quel bar exactement j'avais croisé le vieil ami de Vérité.

— Était-ce le Fusain de Dieu ?

Il a semblé déçu quand je lui ai dit que non.

C'est étrange. J'ai fait toute cette route jusqu'à lui et c'est pourtant moi qui raconte. Il est avide de connaître les moindres sinuosités de mon parcours. Le plus étrange est que je me prête au jeu.

Je me rends compte qu'il sait déjà une foule de choses. Il a soif de connaître chacune des trajectoires des personnages de cette histoire et je ne comprends pas.

Il sait le nom de Maeva, par exemple. Gaëlle. Gaëlle Régino que j'avais presque oubliée. Lui s'en souvient. Il se souvient de mes lettres.

— Les avez-vous un jour récupérées, m'a-t-il demandé, une fois toute cette histoire terminée ?

— Non, ai-je répondu, stupéfait.

J'allais tenter d'inverser le cours du dialogue, lui demander comment, et pourquoi, il parvenait à se souvenir d'autant de choses mais il ne m'en a pas laissé le temps, il a rebondi dans un autre sens.

Je n'ai pourtant pas l'impression qu'il tente de me perdre en route. Sa manière de me questionner ne me met pas mal à l'aise. Je ne suis pas son jouet. Il manifeste un intérêt bien réel pour ce que j'ai pu vivre.

— Et Marine ? N'avez-vous pas nourri le moindre sentiment pour elle, à l'époque ?

Il me parle comme à une vieille connaissance. J'ai ri de surprise à plusieurs occasions. Son appétit, son indiscrétion, n'ont pas de limite. Il boit mes paroles et les goûte comme un œnologue, en réclame davantage. Il est comme un gamin dans un magasin de jouets. Les jouets, ce soir sont les circonstances de ma vie ainsi que celles des autres.

Je m'arrête. Il trépigne, me supplie de continuer du regard.

Ses questions incessantes me désarçonnent. Le sens de ses questions, surtout, me fait soudain froid dans le dos. Ce vieillard distingué s'amuse, se délecte. Le récit de mes années de prison l'a chagriné mais au-delà de ça, quelque chose le fascine, quelque chose qui me dépasse et qu'il maîtrise avec peine. Il contemple tous ces enchevêtrements, ces destinées tragiques, dont la mienne. De la tendresse dans ses gestes, de la chaleur dans sa voix. Mais à présent tout me glace.

Je me lève, je me raidis. Il me regarde faire et comprend mon impatience.

— Pardonnez-moi, Yvan. Ce que je viens de faire n'est pas très correct. Vous franchissez la Manche pour obtenir des réponses et je vous assaille de questions.

Je tourne les yeux vers lui. Je ne lui ai pas dit que je vivais à Londres. Il sait tout de ma vie.

Je ne vais pas le frapper pour qu'il parle. Il va tout me dire. Je sais qu'il me regarde m'approcher de son immense étagère. Mon regard passe sur les litanies d'objets.

Je songe soudain que je n'ai pas appelé Didier depuis que je suis arrivé. Il faut le faire avant qu'il ne prévienne la police. Avant que je me retourne la voix de Théodore Descrières m'arrête.

— Tenez, Yvan, devant vous, juste au-dessus de votre front.

Un œuf Kinder, une tasse à café sale, un nœud papillon...

— La montre. Prenez-la, regardez.

Un bel objet. Un bracelet de cuir. Pas de poussière. Elle marque l'heure juste, la trotteuse égrène les secondes. Il la remonte tous les jours.

— C'est un des objets déterminants dans votre histoire. Peut-être pourrions-nous commencer par là, propose-t-il. J'ai acheté cette montre à Albert Parmentier, aux puces de Saint-Ouen.

Il est toujours assis dans son joli fauteuil. Je ne sais pas si je le vois venir. Je ne sais pas si j'appréhende.

— Albert Parmentier tenait un stand aux puces. Je lui ai acheté cette montre au mois de février 1971. Le 18, exactement.

Il s'arrête. Il voit que je ne souris pas, se force à poursuivre.

— Le 18 février 1971, reprend-il. Le jour où j'ai fait se croiser Albert Parmentier et Vérité. Quatre mois avant le vol de la toile de John Costano.

Je repose la montre. Il poursuit pour lui-même :

— L'un de mes plus beaux concours…

VII

Concours. C'est le mot qu'il a employé. Il a dit *l'un de mes plus beaux concours* comme s'il manipulait un objet précieux, ou sacré, plein de révérence et de précaution. Je n'ose imaginer ce que tout cela signifie, de quelle sorte de concours il peut s'agir. Une réunion annuelle, un club hermétique réunissant quelques aristocrates s'amusant des destins qu'ils chamboulent, une confrérie du crime discret, manipulant les millions aussi bien que les vies humaines dans le seul but de se divertir. Il n'est plus ni léger ni souriant. Il y a de la gravité dans sa voix.

— En géométrie, me dit-il, le point de concours désigne le point d'intersection. Un concours de circonstances désigne la rencontre souvent fortuite de plusieurs événements. Vous qui écrivez, Yvan, vous n'êtes pas sans savoir que *concourir à* signifie *participer*.

Je ne l'ai pas interrompu. J'étais suspendu à ses lèvres, la montre dans ma main, immobile sous son lustre.

— Il n'est évidemment pas question de compétition, non. Je parle de concours au sens de *contribution*.

— Bon ça suffit, dis-je en jetant la montre à terre. Vos périphrases, ça va bientôt me mettre hors de moi. Maintenant, vous allez arrêter avec toutes vos nuances et vos délices de langage. Et vous allez me dire qui vous êtes, quel rôle vous avez joué dans cette histoire, et ce qui s'est vraiment passé !

Je vais écraser la montre du pied mais il lève les bras au ciel avec panique, il me crie de ne pas faire ça. Je me ravise, il me supplie encore tandis que je la ramasse d'un geste brutal.

— Je suis celui qui a présenté Vérité à Albert Parmentier. Je suis celui grâce à qui Albert Parmentier décide, quatre mois plus tard, d'emmener le faussaire à sa suite à Miami Beach pour dupliquer la toile.

Il tremble en me disant cela, les mains grandes ouvertes devant lui. Il est pétri de crainte à l'idée que je puisse broyer sa dérisoire collection. Ses paroles résonnent comme des aveux.

— L'idée de copier le tableau vient de moi au départ. Mais je ne l'ai donnée à personne. Je n'ai fait que se rencontrer le braqueur et l'artiste. L'idée, dès lors, a fait son chemin. Elle s'est immiscée dans l'esprit d'Albert Parmentier. Il a, de lui-même, songé que cette rencontre avec Vérité pouvait se révéler fructueuse. Il a, de lui-même, mis au point le stratagème pour doubler ses comparses, faire reproduire la toile par Vérité, la nuit venue, dans sa chambre d'hôtel. Le plan d'Albert Parmentier n'appartient qu'à lui.

Je fronce les sourcils en l'écoutant. Il se détend, sa voix reprend peu à peu corps.

— Je ne suis qu'une éminence grise. J'instille une vague idée, parfois juste un mirage, quelques mots çà et là, je fais se croiser deux chemins. Parfois, l'étincelle se produit.

— Vous aviez payé Vérité pour vous ramener le vrai Manet ? Il en a fait deux copies, une pour Costano, une pour Parmentier, et l'original pour vous, c'est ça ?

Il semble chagriné par ce que je viens de dire.

— Vous vous méprenez, Yvan, me dit-il avec douceur. Le fait est que oui, j'avais payé Vérité pour me ramener la toile. Mais l'essentiel n'est pas là…

Mon téléphone sonne, je le sors de ma poche. C'est Didier. Je décroche et lui assure que tout va bien, il est hors de lui, me conjure de repartir très vite, je le coupe en répétant plus haut que tout se passe bien. En prononçant ces mots, je fixe Théodore Descrières pour qu'il m'entende et comprenne. Il est inutile d'essayer de me nuire. On me protège. Le vieux est impassible. Je raccroche en promettant de rappeler dans une heure.

— C'est exactement de cela que je souhaitais vous parler, soupire-t-il. Vous n'avez rien à craindre. Je voulais vous dire que je ne suis ni un brigand ni un criminel.

— Juste un grand voleur ?

Il semble chercher ses mots.

— Je n'ai jamais convoité l'or de quiconque. Ma famille est l'une des plus riches d'Europe, pas une capitale ne comporte au moins tout un quartier qui ne nous appartienne. L'argent ne m'a jamais fait courir le moindre risque. J'apprécie l'art, oui, hésite-t-il dans un mouvement d'épaules.

Il se ressaisit d'un coup. Je vois l'enthousiasme refaire surface sur son visage autant que la gravité. Il plante ses yeux dans les miens, qui suis toujours debout.

— Ce que j'aime par-dessus tout, Yvan, ce qui me fascine, ce sont les destinées. Les chemins que l'on croit se tracer. Ce qui ne cesse de m'émerveiller, ce sont les routes qui bifurquent, les changements de cap, les hasards, les opportunités qui surgissent, les *concours de circonstances.*

Il se lève et fait quelques pas vers moi. Ou plutôt vers son étagère qu'il embrasse du regard en me la désignant d'un geste ample.

— Tous ces objets sont les traces de mon passage dans la vie d'inconnus.

Il est impénétrable, appliqué, grave.

— Mon unique passion, Yvan, aura été de voir quand, et où, de quelle manière, je pouvais m'insinuer dans la vie de quelqu'un afin d'en faire dévier le cours. Observer les conséquences qu'une parole ou un geste pourraient avoir sur toute une existence.

— Je ne comprends pas. Je ne vois pas le rapport avec le vol de la toile de Costano, la mort de Vérité, tout le reste.

— Justement, Yvan, se passionne-t-il soudain. Vous êtes au cœur de l'intrigue ! Présenter Vérité à Albert Parmentier, puis contempler de loin quelles répercussions cette rencontre aura sur le reste de leur vie. Dans ce cas précis, les répercussions ont été fabuleuses ! Cette rencontre propulse Vérité dans la mort quelques mois plus tard et transforme le petit receleur brutal qu'était Albert Parmentier en un assez fin stratège. Une simple rencontre et deux vies qui basculent !

— Mais vous vouliez la toile, c'est ça ? Vous aviez donné une fortune à Vérité, c'est votre argent qu'il avait dans la poche.

— J'ai fait d'une pierre deux coups. J'ai, au passage, mis la main sur une toile qui continue de me ravir. Mais, je vous le répète, l'essentiel n'est pas là, Yvan. Comprenez-moi bien.

Il me glisse un sourire dans lequel je perçois une forme de candeur.

— N'avez-vous pas joué aux Playmobil lorsque vous étiez enfant ?

J'acquiesce en silence.

— Eh bien moi, j'y ai joué ma vie durant. Comme lancer un caillou dans une mare et s'émerveiller ensuite des ondes qui se reproduisent à l'infini… Observer les conséquences. Voilà. Rester là dans l'ombre, ou en haut, ou derrière, et voir quelles conséquences pourront avoir mes actes ou mes paroles. Voir si, un jour, la graine plantée germera.

Je le regarde. Il est ému. Devant nous, sur le mur, des centaines d'objets nous font face, qui ont tous un sens à ses yeux. J'entends son souffle, je vois ses yeux embués.

— Je ne comprends pas, dis-je doucement. Admettons que vous ayez fait se croiser Parmentier et Vérité et que ce soit *grâce* à vous que Parmentier ait décidé de faire copier la toile et de liquider Vérité à leur retour.

Il m'écoute.

— Admettons que votre but n'ait pas été l'argent, ni même la toile, mais plutôt le jeu. D'accord. Comment saviez-vous qu'ils s'envoleraient en juin pour les États-Unis ? Comment saviez-vous qu'ils mijoteraient ce coup-là ? Comment saviez-vous qu'il aurait besoin d'un faussaire ?

— Je ne le savais pas encore. Mais je l'espérais très fortement. C'était un plan tout à fait hasardeux que j'avais échafaudé. Finalement couronné de succès. Je vous parlais de planter des graines. C'est exactement cela.

Le souvenir le remplit d'allégresse. Il se reprend face à ma mine fermée.

— Albert Parmentier vous a certainement dit comment Oscar Rosenbaum avait mis au point son plan, sur les dires d'un cuisinier croisé tard le soir ?

— Oui.

— Un cuisinier croisé au comptoir d'un club sur les Champs-Élysées, poursuit-il. Revenant de passer deux ans au service de John Costano. Ivre et surtout très disert, n'omettant aucun détail. Il dévoile à Oscar Rosenbaum l'existence de ce trésor qui sommeille outre-Atlantique toutes fenêtres ouvertes. Il donne à Oscar Rosenbaum l'occasion de mûrir le coup du siècle.

Il parle presque pour lui-même, semble se remémorer chacune des scènes qu'il me raconte. Il relève les yeux, me sourit avec une émotion où perce une manière de fierté.

— Ce soi-disant cuisinier, Yvan, c'était moi.

VIII

Rien ne prédestinait Théodore Descrières à côtoyer le monde du banditisme. Du moins pas celui des armes ou des règlements de comptes. Une enfance sous les dorures d'un hôtel particulier donnant sur le parc Monceau, où se croise l'élite intellectuelle et financière de l'Europe d'avant-guerre, Coco Chanel, Stravinsky ou bien le duc de Westminster. Une guerre que ni lui ni sa jeune sœur ne remarquent vraiment. Rien ne manque dans leurs assiettes de porcelaine, les leçons de danse et d'équitation perdurent, les concerts à l'Opéra aussi. Le cercle des connaissances familiales s'enrichit simplement de quelques hauts gradés allemands, qui ne manquent jamais de faire honneur à la table.

Puis Théodore Descrières embrasse la carrière de banquier, comme chacun des membres de sa famille, à l'aube des années soixante. Une carrière toute tracée. Un chemin bordé de toutes parts, un destin familial que même une guerre mondiale n'a pas fait chanceler d'un pouce, et dont il ne pense d'ailleurs nullement l'extraire. Il fera ainsi sa vie dans la finance, où ses multiples qualités ne seront jamais remises en cause.

Voilà pour la partie visible, qu'il m'expose en quelques phrases. Théodore Descrières ne renie rien de son parcours, qu'il dépeint sans ardeur mais sans dégoût non plus. Avec détachement. Les simples faits.

Car, en marge de ce monde fait de luxe et de résidences secondaires, Théodore Descrières nourrit une passion bien différente de tout ce que l'on peut s'offrir. Théodore Descrières ne vibre ni pour les limousines ni pour les avions personnels. De nouveau, son regard s'illumine. Ce qu'aime Théodore Descrières depuis toujours, c'est le hasard.

— Nous ne sommes que le fruit des circonstances que nous avons traversées, m'explique-t-il. Il est évident que si je n'étais pas né dans ce milieu, je n'aurais certainement jamais lorgné le monde de l'économie. Qui sait, peut-être serais-je devenu conducteur de bus ou bien boulanger ? *Le hasard fait bien les choses*, entend-on parfois. Ce dont je suis certain, c'est que le hasard *fait* les choses, en effet. Les influences sont multiples et quotidiennes, chacun de nous *est* le hasard d'un autre.

Je l'écoute sans rien dire. Il parle doucement, pesant chacun de ses mots.

— Je ne vous apprends rien, me souffle-t-il dans un sourire. Bien sûr, vous savez tout cela. Tout le monde sait tout cela.

Il attend peut-être une réaction. Je garde le silence.

— Mais rares sont ceux qui se préoccupent des remous qu'ils provoquent autour d'eux, reprend-il. Comment savoir ? Comment savoir dans quelle mesure nous modifions ou non la vie de ceux que nous croisons ?

Il pousse un long soupir, les lèvres closes.

— Cette question m'a obsédé, Yvan. Comment dénouer le canevas, défaire la mosaïque, comprendre exactement comment tout cela s'imbrique ?

Puis me regardant de nouveau en face :

— L'unique façon de décomposer le mécanisme du hasard est de le provoquer, d'en être à l'origine. De devenir *sciemment* le hasard de quelqu'un. Et d'observer la suite.

Bizarrement, rien de ce qu'il m'explique ne m'effraie. Je ne vois pas en lui un manipulateur machiavélique, ou un voyeur malsain. Je l'écoute me raconter les multiples répercussions qu'il provoqua dans la vie de tous ceux que j'ai croisés depuis le début de cette aventure. Quand tout part des Puces et de cette boîte sur les Champs.

La suite, il la connaît presque par cœur. Des destins qui changent, les cinq petits malfrats qui se retrouvent soudain dans les costumes trop amples du grand banditisme, qui paniquent, qui bifurquent, chacun à sa manière. Il les observa tous, année après année, sachant que sans son concours initial, aucun d'eux n'aurait sans doute mené pareille existence.

— Paco Mayer n'aurait pas fait assassiner Jean, puis Jacques Trassard, et Oscar Rosenbaum. C'est regrettable, bien sûr, mais cela fait partie du jeu, admet-il.

En moi-même, je songe que Vérité aurait lui aussi vécu plus vieux sans le *concours* de Descrières. Je me tourne vers lui. Il sourit doucement. Tout cela l'enchante.

— Vérité n'a pas tenté de vous refiler un faux à vous aussi ?

— Non. Grandir parmi les grands maîtres comporte un avantage non négligeable : je sais ce qui est vrai et ce qui ne l'est pas. J'en avais averti Vérité. Et c'est pour saluer sa mémoire que je fais chaque semaine fleurir sa tombe. Avec de belles acanthes.

J'ai jeté plusieurs coups d'œil à son incroyable étagère pendant qu'il me racontait l'histoire, tous ces objets, dont je sais maintenant qu'ils sont autant de témoins qui l'accompagnent, de grains de sable qu'il glissa çà et là dans les vies qu'il croisa. Là-haut trône la bouteille de whisky qu'il vida avec Oscar Rosenbaum. L'étiquette a jauni.

— Cela fait bien longtemps que j'ai cessé d'intervenir, me dit-il. Cela fait bien longtemps que je n'ai plus qu'à contempler. Voyez vous-même, quarante-cinq ans plus tard, votre visite, aujourd'hui, découle de mon concours d'alors. Les répercussions sont tout à fait tentaculaires.

Tout à fait tentaculaires. Sa façon de s'exprimer me rappelle celle du procureur *proprement terrifiant*, auquel j'ai eu affaire il y a cinq ans. Mais dans la bouche de Théodore Descrières, ces mots ne sonnent pas faux. Je vois cet homme, qui m'observe depuis cinq ans, depuis le jour où j'ai fait irruption dans la maison de Jacques Trassard. Depuis le jour où j'ai plongé dans le noir tandis qu'à l'autre bout, un vieillard passionné contemplait les ronds dans l'eau.

Je ne lui en veux pas. Il n'y est pour rien, quoi qu'il en pense. Je n'ai plus ni crainte ni colère. Je reforme le puzzle au centre duquel je me suis propulsé tout seul, je revois les embûches et les précipices, mes chutes et mes sursauts. Ma vie.

À des centaines de kilomètres ou tout là-haut dans les airs, un vieil homme aux allures d'aristocrate se délectait de mes aventures. Des miennes et de celles de tant d'autres. Il me l'a dit tout à l'heure. Au total, ce sont plus de trois cents personnages qu'il suit du plus près qu'il peut, continuant de jauger sa part de responsabilité. Mon premier roman figure sur ses étagères. Celui que j'ai écrit à l'ombre des barreaux. Peut-être n'aurais-je jamais écrit sans ces enchaînements tragiques, en effet. Comment savoir ?

— Vous êtes un des protagonistes de cette histoire, m'a-t-il dit. C'est indéniable. Et ce livre est lié à votre emprisonnement. Il a sa place ici.

J'ai repris mes esprits, j'ai fait quelques pas. Je respirais à pleins poumons. Tout ça me dépassait.

— Vous êtes allé voir Oscar Rosenbaum au comptoir d'une boîte, vous lui avez raconté que Costano avait une toile, et hop ! ils ont décidé d'aller là-bas pour le cambrioler ! ai-je rigolé.

— Je comprends votre ironie.

— Vous êtes sûr ?

— Oui. Mais vous savez, Yvan, il n'est question ni de magie ni d'hypnose. Il n'est question que d'habitude, d'écoute, de patience et d'observation.

Il se rapproche de moi. Je m'assois. Il reste là, debout, au centre de la pièce.

— Êtes-vous toujours serveur, Yvan, ou bien barman ?

— Oui.

— Ne vous arrive-t-il pas, à force d'expérience, de deviner quelle sera la commande d'un client sans que vous l'ayez pourtant jamais vu ?

— Si. Ça arrive.

— Vous voyez !

Il y a de la douceur dans son enthousiasme.

— Eh bien dans la criminalité…

Il met des guillemets sonores autour de ce mot.

— Dans la criminalité, c'est exactement la même chose. Vous pouvez, petit à petit, deviner de quel coup sera capable un individu que vous croisez pour la première fois. Son air, ses manières, son accoutrement, son regard… Je n'ai d'ailleurs pas d'intérêt particulier pour le crime, les armes ou le vol. Mais il me faut bien admettre que c'est dans ce domaine que les destins sont le plus remarquables. Les changements de cap ne s'y font pas dans la douceur. C'est dans le crime que j'ai obtenu mes plus belles réussites.

Il s'arrête et ramène ses yeux sur moi.

— J'observais tout et tout le monde. En permanence. Je sortais tous les soirs. J'ai côtoyé des milliers de personnes sans que personne me connaisse. Je savais, le soir où j'abordai Oscar Rosenbaum, que lui et ses amis ne menaient pas des existences ordinaires. Je devinais aussi qu'Oscar Rosenbaum serait capable d'oser. Quitte à trahir ses amis. Je n'imaginais pas, en revanche, dans quelle exubérance il tomberait par la suite. Une conséquence supplémentaire, une surprise…

— Vous savez même que je suis barman, dis-je.

Un sourire malicieux sur son visage.

— Oui. Vous m'avez d'ailleurs déjà servi, confesse-t-il.

— Pardon ? ! Où ça ? Quand ?

— Il y a environ un an. J'ai traversé la Manche pour venir vous voir de près.

— Et vous êtes venu au pub ?

— *The Rose and Crown*, prononce-t-il sans la moindre difficulté. J'y ai bu un délicieux porto, que vous m'avez servi sans me voir.

Je suis atterré. Il rit de bon cœur

— Vous me prenez probablement pour un vieux fou, n'est-ce pas. C'est peut-être le cas. C'est ainsi.

— Vous êtes venu en Angleterre boire un verre devant moi, juste pour me voir ? Juste pour voir ce qu'était devenu celui qui s'était immiscé dans votre puzzle ?

— J'avais également une femme à voir près de Manchester.

Je l'interroge du regard.

— La balle de golf, sur votre droite, précise t il.

Je lève les yeux : c'est une balle toute blanche sur la troisième étagère. Elle trône entre une cuillère d'argent et un tube d'aspirine. La voix de Théodore Descrières poursuit dans mon dos.

— J'avais abordé cette femme sur un green après plusieurs semaines de surveillance et d'étude.

Il parle très doucement quand il se remémore. Je mesure toute sa patience et sa concentration, toute la passion calme et sereine, obstinée, tout l'acharnement qu'il mit, et qu'il met encore, à ne rien laisser filer. Un savant qui scrute au microscope les moindres faits et gestes de ses souris blanches dans un laboratoire. Ne rien laisser au hasard. Du moins pas sans en avoir conscience. Et surtout, sans jamais fermer les yeux.

— C'est finalement cette femme qui, deux ans après que je l'ai croisée sur ce green, séquestra le baron Manguin en compagnie de deux complices.

Il semble hésiter. Embarrassé. Ou bien attend-il que je sois de nouveau attentif. Je le regarde.

— La cuillère en argent et le tube d'aspirine, dit-il.

— Oui ?

— Les deux complices, appuie-t-il. Le premier était maître d'hôtel au Ritz, j'y déjeunai et emportai ce souvenir. Quant au tube d'aspirine, le second complice me le vendit lui-même. Il était pharmacien.

— Et c'est vous qui les avez fait se rencontrer, qui avez *planté la graine*, comme vous dites ? C'est vous qui les avez poussés à faire ça ? dis-je dans un murmure.

— Oui.

Je refrène un tremblement.

Je bondis de mon fauteuil, soudain hors de moi mais désarmé, furieux mais calme, je trépigne en mordant mes mots, je ne sais pas quoi lui dire. Je fais de grands gestes sans qu'aucun mot sorte.

— Mais comment ! finis-je par lancer. Comment faites-vous !

Lui est calme. Il me répète que tout n'est qu'une question d'habitude.

— Vous savez, Yvan, je ne saurais vous dire combien de tentatives ont échoué, nuance-t-il. Des milliers, de façon sûre. C'est une science très inexacte. J'ai planté des milliers de graines, échafaudé des milliers de plans, conçu des milliers de suites possibles. Seules quelques-unes de ces graines ont germé. Une quarantaine, tout au plus.

Son regard passe sur son étagère, ses reliques.

— Une petite quarantaine d'histoires à l'origine desquelles je me trouve.

— Dont la mienne.

Je ne sais pas si j'ai dit ça pour qu'il acquiesce, se sente coupable, je n'en sais rien. Je ne sais pas non plus si j'ai le vertige ou si je suis fatigué.

— Yvan, je ne me trouve au sommet d'aucune pyramide, me dit-il avec douceur. J'ai, moi aussi, de façon sûre, constitué la pièce de nombreux puzzles dont j'ignore l'existence. J'ai, moi aussi, subi toutes sortes d'influences sans jamais m'en rendre compte, c'est certain.

Je le regarde.

— Les ronds dans l'eau, Yvan.

Son sourire est éclatant. Mon téléphone vibre dans ma poche. J'étouffe la sonnerie d'un doigt, je fixe Théodore Descrières, qui me dévisage. Il semble émerveillé.

— Les ronds dans l'eau, répète-t-il.

IX

Je l'ai quitté à l'aube. Après le neuvième appel de Didier, qui n'en finissait plus de s'inquiéter. Il était exténué, sa voix tremblait dans mon oreille, la nuit était interminable. Je l'ai une dernière fois rassuré, lui ai certifié que tout se passait bien.

— Tu es sûr ? insistait-il. Certain ? Tu ne peux pas parler ? Tousse et je comprendrai.

— Didier, tout va bien !

Théodore Descrières me regardait parler, il s'amusait. Dans nos yeux qui se croisaient perçait peut-être un air de connivence.

*

J'ai fini par comprendre, par admettre. J'ai fini par m'ouvrir. Convaincu, en effet, que Théodore Descrières n'était rien d'autre qu'un homme à la curiosité forcenée. Loin du crime ou d'une quelconque perversion. Un observateur acharné qui n'utilisa la manipulation que dans un but contemplatif. J'ai fini par le trouver fascinant.

J'ai marché le long de ses étagères, saisissant quelques objets au hasard, dont il m'expliqua la provenance et le sens. Tout, dans son discours, était toujours cohérent. Les moindres détails étaient là, l'exacte mécanique en mémoire, l'ébahissement intact face à tous ces enchaînements.

Quand je lui ai demandé s'il n'avait jamais craint que les répercussions ne se retournent contre lui, il m'a dit dans un sourire qu'aucun de ses *personnages* n'avait conscience du rôle pourtant déterminant qu'il avait joué.

— J'ai simplement planté des graines. Mais je n'en ai arrosé aucune. Vous, par exemple, avez-vous conscience de tout ce qui fait que vous menez cette vie aujourd'hui ?

— Sans doute pas, non…

— Savez-vous pourquoi vous avez rencontré votre concubine ?

— Quoi ? ! C'est vous qui m'avez fait rencontrer Nicole ?

Il a ri de bon cœur.

— Non, Yvan, ça n'est pas moi. Je ne vous anime tout de même pas comme une marionnette ! C'était un exemple !

De toutes les histoires qu'il mit en place, Théodore Descrières m'a confié que celle à laquelle je fus mêlé était l'une des trois dont les conséquences l'avaient le plus captivé. Le tableau de Costano, Vérité, les cinq petits malfrats, puis le destin clinquant d'Oscar Rosenbaum, celui, moins brillant mais tout aussi riche, de Jacques Trassard, Paco Mayer qui ne sortit plus de sa caravane, tout cela lui offrit de fabuleux moments durant plus de quarante ans.

— Puis votre intrusion dans cette maison sur les quais à Rennes, ce meurtre, Chloé Lavigne, c'était formidable ! Je suivais l'histoire dans les journaux, je vis votre visage à la télévision lors de votre procès. Vraiment, ces enchaînements m'ont enivré.

Sa ferveur ne m'a pas agacé. J'étais aussi transporté que lui. Le tourbillon des conséquences m'étourdissait.

— Et les deux autres histoires ?, ai-je avancé.

J'ai vu dans ses yeux l'espièglerie d'un petit garçon. Je souriais timidement. Pris en faute, désireux à mon tour de connaître la suite, d'entrer dans sa passion.

Alors il m'a parlé, m'a ouvert son coffre à trésor. M'a emmené avec lui sur les chemins si étranges d'un monde fait de crime, d'armes et d'argent facile, un monde dans lequel je n'ai jamais souhaité mettre les pieds mais qui, décrit par lui, devenait soudain presque magique. Des destins mélangés dont il tira parfois doucement les ficelles, provoquant une explosion ou juste un fourmillement. Un regard attentif autant que bienveillant sur des trajectoires hors normes. J'étais ébloui.

Ses phrases ont tourné dans ma tête. Planter une graine, ne pas y retoucher, l'arroser soi-même. Je l'ai dévisagé, il avait un air doux, quelque chose sur les traits comme une demande d'indulgence, à quoi j'ai répondu par un sourire.

— Et si nous allions voir ce tableau, a-t-il fini par me dire.

Alors je l'ai vu. L'original. Dans une des pièces attenantes, une bibliothèque. Des rangées de livres courant jusqu'au plafond, le tout donnant sur la mer. Un grand canapé sombre. Et une toile au mur. Un tableau qui m'aurait laissé de marbre s'il n'avait pas été le point de départ de mon histoire. Disposé là sous de petits spots, que Théodore Descrières alluma un à un. Je retins mon souffle.

— Goûtez-vous la peinture, Yvan ?, murmura-t-il.

Il se tenait en retrait, me laissait tout à ma découverte. Je n'ai rien répondu. J'imaginais les mains d'Oscar Rosenbaum, celles de Jacques Trassard et des autres. L'œil de John Costano, puis celui des experts, et la main de Vérité, tout ce que j'ai petit à petit appris sur cet incroyable feuilleton et qui se trouvait enfin là sous mes yeux.

— Vous remarquerez que je ne possède moi non plus pas le moindre système d'alarme.

Peut-être était-ce une de ses fameuses graines, dont il m'a tant parlé cette nuit ? Peut-être m'a-t-il glissé cela pour qu'à mon tour je lorgne vers un coup sans faille, un cambriolage nocturne et fructueux, que je m'empare de sa toile et disparaisse à l'autre bout du monde ?

Je ne sais pas. Je me demande au passage combien de possible graines Théodore Descrières a semées cette nuit dans mon esprit. Une, cinq, dix, trente ? Ou peut-être aucune ?

Je l'ai quitté à l'aube. J'ai laissé là le vieil homme qui n'était pas encore fatigué, porté par ses souvenirs. Son sourire n'avait pas faibli, sa tendresse non plus.

Quand je lui ai dit que j'allais partir, il n'a pas essayé de me retenir.

— Mais bien sûr, Yvan. Vous avez une existence à mener. J'attends la suite !

Son impudeur m'a fait rire. Je n'ai pas eu l'impression qu'un espion rôdait autour de mes jours, malgré tout ce qu'il m'avait dévoilé. C'était peut-être même le contraire. Je me sentais libre.

Sur le pas de sa porte, nous nous sommes serré la main. Nous nous faisions face, les yeux dans les yeux, il me regardait partir comme l'un de ses enfants.

— Je crois, cette nuit, vous avoir vu passer par des sentiments assez divers, m'a-t-il dit. La crainte ou l'effroi, brièvement. L'incompréhension, peut-être la colère. Mais au final, je crois que nous nous sommes compris.

J'ai hoché la tête en silence, lentement.

— Vous écrivez, a-t-il souri. Vous faites, vous aussi, évoluer des personnages… Je vous souhaite un bon retour, Yvan. Merci infiniment pour votre visite.

Je me suis éloigné dans le soleil qui se levait. Avant de quitter le parc, je me suis retourné. Il n'avait pas bougé, il me fixait toujours. Quand je suis arrivé à la voiture, j'ai levé les yeux sur l'arrière de la bâtisse en ouvrant la portière. D'une fenêtre au deuxième, Théodore Descrières me regardait encore.

J'ai roulé jusqu'à Saint-Malo. J'ai rendu la voiture et consulté les horaires des ferrys. À peine une heure à patienter, durant laquelle j'ai appelé Didier. Ça n'a pas été long. Je lui ai dit que tout était fini, qu'il pouvait désormais dormir. Puis j'ai appelé Nicole, qui se réveillait à peine, je lui ai dit que je serais là ce soir. Je lui ai aussi dit que j'étais fou amoureux d'elle.

Et puis le ferry est parti.

Je suis sur le pont arrière. Comme il y a deux ans, quand je quittais Dieppe. Cette fois, personne ne me fait signe sur le quai. Je suis seul dans le vent glacial. J'ai les mains jointes autour d'un café chaud.

Je me sens bien. Je n'ai pas envie de dormir, malgré ma nuit blanche.

J'ai les yeux grands ouverts et songe à ces réactions en chaîne, ces rouages et ces grains de sable, ces détails microscopiques qui font dévier les trajectoires. Mon parcours se décompose avec lenteur et je m'en émerveille. Pour l'heure, je ne songe qu'à ces quelques années qui viennent de s'écouler, j'y distingue des causes, suivies de conséquences, les paroles et le sourire de Théodore Descrières. Pour l'heure, je ne pense qu'aux raisons de ma présence ici, ce matin, sur ce ferry. Je regarde la vie en face. Je me sens bien.

Pour l'heure, je ne devine pas que dans quelques heures, Nicole et moi serons si heureux de nous retrouver après ma longue absence que nous ferons l'amour à peine rentrés chez nous. Je ne distingue pas encore ce moment, qui sera aussi le plus propice pour transmettre la vie. Je n'imagine pas que dans neuf mois, du fait de mon escapade en France, du fait de la joie de nos retrouvailles, le petit Arthur pointera son nez, et que je fondrai en larmes. Pour l'heure, je ne sais pas encore que, dans moins de deux ans, Didier et sa famille viendront passer une semaine chez nous pour souffler la première bougie d'Arthur. Sur la route du retour, Didier se fera percuter par un poids lourd sans freins et laissera ses filles orphelines. Je ne sais pas encore que la femme de Didier, dans deux ans, décidera de tout vendre et d'emmener ses filles au Canada. J'ignore aussi que Marine et Hakim, après avoir vu Arthur, décideront à leur tour d'avoir enfin un enfant. Je ne sais pas encore que je serai, dans trois ans, le parrain d'une jolie Lisa. Dans vingt ans, Lisa tiendra le premier rôle dans un film adapté de mon dernier roman. Dans dix ans, ma mère recevra dans sa boîte un colis de Gaëlle contenant toutes mes lettres. En allant au bureau de poste pour me les réexpédier, ma mère s'arrêtera dans une boutique de jeux vidéo afin de gâter Arthur au passage. Ni elle ni moi ne savons pour l'heure qu'elle croisera dans ce magasin le regard d'un homme courtois, retraité comme elle et dans ses âges, et que je les verrai désormais ensemble. Demain, tandis que Nicole portera déjà notre enfant, Dan me présentera celui qu'il a choisi pour me remplacer au pub. Le ton montera vite, je courrai tout Londres à la recherche d'un nouveau job, je trouverai par miracle une place au Royal Albert Hall. Dans les années qui viennent, j'assisterai tous les soirs à des concerts magnifiques, je ferai des claquettes derrière mon bar et je verrai Portishead et leur musique me transportera.

Pour l'heure, je n'entrevois rien de tout cela. Je ne sais pas que, dans les années qui viennent, je mesurerai moi aussi les conséquences de ma venue en France, que j'évaluerai les répercussions de mon court voyage, que je verrai à mon tour en face les ronds dans l'eau que l'on provoque au jour le jour.

Pour l'heure, je suis sur ce ferry qui s'éloigne et sens ma poche vibrer, il fait froid, j'en sors mon téléphone et découvre un message. Il est signé Théodore Descrières, j'ignore comment il s'est procuré mon numéro.

« Bon retour chez vous. Mes amitiés à Nicole. Dieu vous garde. Théodore Descrières. »

Je me tourne vers la côte. D'ici, j'aperçois Saint-Briac et la pointe de la Garde-Guérin où trône la villa Joséphine. Peut-être Théodore Descrières m'observe-il à la longue-vue depuis son pigeonnier ?

Je fais un grand geste du bras. Un au revoir ou un adieu, je n'en sais rien et peu importe.

Quand j'ai quitté Dieppe il y a deux ans, je croyais l'histoire terminée. Aujourd'hui, je pourrais me dire qu'elle est bel et bien finie. J'en connais tous les rouages.

Mais ce matin, quelque chose ou quelqu'un m'accompagne. Une impression étrange, comme un pressentiment. Les ronds dans l'eau résonnent déjà. Je les sens.

Ce matin, je le sais : des histoires vont commencer.

Composé par FACOMPO, LISIEUX

POCKET – 12, avenue d'Italie – 75627 Paris Cedex 13

Date initiale de dépôt légal : novembre 2016
Dépôt légal de la nouvelle édition : mars 2018
S28775/61